HOW TO GET FROM WHERE YOU ARE TO
WHERE YOU WANT TO BE

THE SUCCESS PRINCIPLES

成功準則

暢銷超過10年，遍布108國、40種語言，
改變數億人的經典之作

III

傑克．坎菲爾 JACK CANFIELD｜珍奈特．斯威策 JANET SWITZER——著
葉婉智｜閻蕙群｜易敬能——譯

凡例

本書英文版只有一冊，為了讓讀者攜帶與翻閱方便，繁體中文版獲得全球獨家授權，依主題分為三冊，並附贈珍藏書盒：

第一冊為原書第一章「成功的基礎」，指出成功的首要條件，就是先釐清自己要什麼、為自己負責，指引讀者找出人生方向，並提出必備要素，鼓勵大眾著手行動。

第二冊為原書第二章「自我轉型」與第三章「打造成功團隊」，旨在提醒讀者不要自我設限，並強調建立優良的團隊關係，讓這些助力成為成功的推進器。

第三冊為原書第四章「打造成功的人際關係」、第五章「成功與財富」和第六章「縱橫數位時代」，提出具體可行的運用方法與資源，藉此增加財富、營造個人品牌，更有效率的邁向成功。

目錄

第4章 打造成功的人際關係

第5章 成功與財富

目錄

第4章

打造成功的人際關係

「人際關係是一片沃土，真實人生裡的所有進步、成功和成就，都會在此茁壯。」

——班．斯坦（Ben Stein），作家、演員、遊戲節目主持人

48 不只接收訊息，更要「積極傾聽」

「傾聽一百次，沉思一千次，然後只說一次。」

——佚名

「聽聞」僅是接收訊息，而真正的「傾聽」卻是一項訣竅，要細心留意，且心智要能理解已經傳達的完整訊息。這兩者之間有很大不同。**「傾聽」需要保持眼神接觸、觀察這個人的肢體語言、要求，並且細聽已經說出來的訊息。**

在新聞傳播業，記者受訓取得「積極傾聽」訣竅。這是一種訪談技巧，記者藉此針對已經傳達出來的資訊，提出聰明睿智又深入的問題。「積極傾聽」正是新聞故事的開發妙方，而我們許多人也可藉此改善人際關係。毫不意外，這項訣竅也有助理解事實與公平，而這正好是新聞記者最重要的兩大特色，也是任何人際關係的兩項重要特質。

「傾聽」值回票價

瑪西亞．馬丁是「企業主管教練」。她其中某位客戶是一家大銀行的資深副總裁，他問她能否幫他促使團隊開會更加強效。他抱怨在他們的會議裡，他的直屬團隊沒有真正按照他想要的方式運作。他們沒把正確的事務帶入會議裡，沒有聚焦在正確的事情上，也沒有正確做出報告。

瑪西亞問他，在會議裡，他做了什麼事，以及問題是什麼。他說在會議開頭時，他總是告訴他們這次會議的目的是什麼、他覺得他們有什麼毛病、他希望他們怎麼做。等到他描述完會議狀況後，她隨即明白，整個會議正是他向隊友厲聲說出指示而已。

瑪西亞告訴他：「我會建議你，只用一句話來展開會議，請說『對我而言，這次會議目的是要向各位探詢，你們每個部門目前狀況讓你感覺如何？覺得有哪些毛病？你們需要我幫忙什麼？』然後請你安靜不語，只須讓他們不停說話，直到他們完全說出真心話為止。如果他們停止說話，只需說『還有呢？』再由他們說得更多。」

她解釋：他的人員可能從未有過機會真正傾吐自己的感覺、觀點、建議或問題。他向他們說了太多資訊，並且全都是他的意見，他沒有真正傾聽。她告訴他，會議時間可以拉長到兩小時，而在整個會議期間，他不要說任何事。他僅需傾聽、寫筆記、點頭示意；僅需處於當下，表示感到有興趣，但是沉默不語。

三天後，他把瑪西亞拉到旁邊，跟她說，他這次有了最美妙又強效的會議，畢生前所未見。他確實按照她要求的話去做。他以之前沒有用過的傾聽方式仔細傾聽。因此，他的團隊成員不停說話；關於他的人員經歷了什麼事、需要什麼、該為他們做什麼，他也得知了更多事情，那場會議效果遠超過他先前主管經驗裡的所有會議。

少一點爭論，多一點傾聽

我曾經認識一位紐約攝影師，他環遊全世界，為諸如露華濃公司（Revlon）和蘭蔻公司（Lancôme）之類的大品牌客戶從事費用高昂的外景拍攝。他一度與我分享，他如何盡力完成客戶要求的事，然後在客戶不喜歡最終成果時，他覺得困惑不解。他說，就算地點是遠在埃及的金字塔，客戶都曾要求他重新拍攝。

與客戶辯解或爭論，根本無濟於事，儘管他已經完美遵從客戶的明細事項。所以，在失去幾位報酬頗豐的客戶後，他終於學會，他只需要做的就是跟對方說：「那麼，讓我看看這樣是否合適。您希望這邊多一點，那邊少一點？對吧？好，我會重新拍攝，把成果帶回來，讓您看看是否喜歡。」

換句話說，對於那些付錢給他的人，他學會少一點爭論，多一點傾聽，根據他們的意見回饋來回應且加以調整，直到對方滿意為止。

要「對人感興趣」，而不是「讓人覺得有趣」

另一個**讓人無法仔細傾聽的原因是，他們太過專注於讓人覺得有興趣，而非對他們正在傾聽的人「感興趣」**。他們相信成功之路在於持續說話，用字詞或評論炫耀自己的專門知識或智力。

要與人建立融洽關係，贏得對方的心而站在你這邊，最好的方式即是真正對他們感興趣，意圖真正了解對方，以此傾聽。一旦對方覺得你真的有興趣想了解他們及其感受，他們會對你敞開心胸，更快與你分享他們真正的感覺。

要努力發展出好奇心的態度。要對其他人感到好奇，要想知道他們的感覺、思考之道、看待世界的方式。他們的希望、夢想和恐懼是什麼？他們的抱負是什麼？他們的人生面臨什麼障礙？

如果你想別人與你合作、要討人喜歡或讓人對你敞開心胸，請務必對他們「感興趣」。與其把焦點放在你自己身上，不如把焦點放在別人身上。注意何事讓對方快樂或不快樂。只要你多花一點心思在別人身上，而非在自己身上，你會覺得壓力變小，你的應對進退會變得較為睿智，你的生產力水準也會增加，並且擁有更多樂趣。此外，每當你對人「感興趣」，對方就會回應你對他們所感到的興趣。他們想與你相處，你受歡迎的程度就會增加。

強效溝通的四大問題

我曾參加丹．沙利文的「策略教練課程」（Strategic Coach Program）*。那一年期間，他教我某項我所學過最強效的溝通工具。這是其中一項最有效的方式，可與另一人建立融洽的關係，創造連結感。我把它用於我的事業和私人生活。這是一套四項的問題：

1. 假如從今天算起，我們會在三年後見面，那麼在這三年的期間，必須發生何事，才會讓你對自己的進步感到快樂？
2. 為求達成這樣的進步，你將面對並處理的最大危險會是什麼？

3. 為了達到這些事，你將專注其上並設法贏得與擁有的最大機會是什麼？
4. 為求捕捉這些機會，你需強化並儘量擴大什麼長處？還需發展哪些你目前沒有的技能和資源？

大約一週後，我已經學會這些問題。我正與我的好姊妹金伯麗見面，她也是我們早期《心靈雞湯：少年話題》（*Chicken Soup for the Teenage Soul*）系列書籍的共同作者。我覺得我們彼此之間的聯繫沒有多大進展，所以我決定試用我剛學會的這些新問題，然後真正傾聽。

我問她第一個問題，猶如施魔法般，打開了一扇緊閉的門扉。她持續不斷告訴我，她對未來的所有希望與夢想。我想，她大概說了至少三十分鐘，沒有中斷。然後我提出第二個問題。她滔滔不絕又講了十五分鐘。我一個字也沒說。接著，我提出第三個和第四個問題。超過一小時後，她停止了。她笑得合不攏嘴，看起來極不尋常地平靜與輕鬆。她對我露出微笑，然後說：「我認為這是我們所進行過最棒的談話。我覺得如此清晰，心神集中。現在，我確切知道自己必須採取行動去做什麼。謝謝你。」

* 欲知更多「策略教練課程」資訊，或丹．沙利文的絕妙好書與影音課程，請至網站 www.TheSuccessPrinciples.com/resources。

實在太讚了。除了提出這四項問題外，我根本沒說半個字。藉由這些問題，她引領自己歷經釐清過程。她以前從未清楚處理這些問題，而她與我一起進行這道過程，使她思路更加清晰，大感寬慰。我覺得與自己的好姊妹更親近了，而她也覺得如此。直到那時，我都還認為，由於我不懂傾聽，在某個時候，我或許會不由自主中途插嘴，告訴她我認為她該怎麼做，中斷她的自我探索過程。

從那時起，我已經對我的妻子、兒女、職員、合作客戶、教練輔導課戶、未來的研討會參與者、無數的潛在事業夥伴等，使用這些問題。成效總是非常神奇。

每天練習向某人提問

今天就花點時間，將這四項問題寫在索引卡、智慧型手機或平板，並且隨身攜帶。在午休時間或晚餐後，每天練習向某人提出這些問題。你也可先從親友開始進行，你將會很訝異，你學到的東西可真不少，並覺得與他人更加親近了。

對每位潛在事業客戶或事業同仁使用這些問題，一旦他們回答，你就能知道其中是否有事業關係基礎存在。你將會知道，你的產品與服務是否能夠幫助他們達成目標。如果你發現他們不想回答這些問題，那麼他們就不是你想與之做生意的人，因為他們既沒覺察自己的未來，也無法預先思考，而這會使你難以幫助他們。或者，他們不樂意告訴你答案，這就意味著彼此沒有信任可言，所以你無法賴以為基，沒有任何基礎來建立關係。

最後一個建議：要確保你自己也獨力歷經這四項相同的問題，你可以將答案寫在紙上，或是與朋友或某個足智多謀的夥伴，以口頭方式完成。這是很寶貴的練習。

49 先處理煩悶的任何事

「大多數的溝通就像乒乓球賽，人們只是準備擊球過去得分；但若暫停一下，理解意見分歧的觀點與相關感受，就能把顯而易見的敵手轉為真正同隊的成員。」

——克里夫・多菲（Cliff Durfee），「心語流程」（Heart Talk process）創設者

遺憾的是，在太多商業、教育和其他情境裡，從未有機會表露感情並加以傾聽，於是這些日漸累積，以致於到了人們再也沒有能力專注當前事務的地步。有太多情緒停滯，占滿空間。就好像試圖把更多水倒進早已裝滿的杯子裡，這些水沒有地方可去，你必須先倒掉舊水，騰出空間來裝新的水。

情緒也是如此。除非心聲被聽見，否則人們不會傾聽。人們必須先處理胸口煩悶困擾的任何事情。不論你是才剛下班回家的人、看到自己小孩成績單全C的家長、某個企圖出售新車的銷售員或是監督兩家公司合併的首席執行長，在你說起自己的事之前，你都必須先讓其

他人開口說出他們的需求和想望、希望和夢想、恐懼和憂慮、傷害和痛苦。這為他們敞開內在空間，能夠傾聽並接受你必須說的話。

強效的溝通方式——誠懇談心

「誠懇談心」是一種非常結構化的溝通過程，必須嚴格遵守其中的八項協定，以便創造深層溝通的安全性；進行時不必害怕受到譴責、獲得未徵求的建議、中斷或被催促。這是一種強效工具，用來讓任何尚未表露的情緒浮上檯面，然後釋懷。否則的話，這些情緒就會阻礙人們完全活在當下，無法處理眼前事宜。可以在家、公司或教室使用這項技巧，或針對體育團隊使用，也可用於宗教環境裡，以便發展融洽關係、理解和親密感。

何時運用「誠懇談心」？

「誠懇談心」很實用：

- 用於全體員工會議之前或期間
- 用於某項商業會議開頭，其中有兩組新團體的人是初次參與
- 用於某項情緒激動的事件過後，像是公司合併、大量裁員、死亡、重大運動損傷、始料未及的財務挫折，或甚至是諸如二〇〇一年九月十一日恐怖分子攻擊之類的悲劇
- 每當兩個人、兩個團體或兩個部門之間發生衝突的時候
- 定期進行，地點是在家中、辦公室或教室，以便創造更深層的溝通和親密感

如何有效執行「誠懇談心」？

可以針對二到十人的任何規模團體執行「誠懇談心」。如果某個團體超過十人，你可將其打散為幾個小組，因為假如團體超過那個規模，「信任」與「安全感」這類因素容易減少，也會占用太多時間來完成。

第一次執行「誠懇談心」，一開始請先解釋：偶爾使用這種可以保證深層傾聽的溝通結構，其中必有價值。「誠懇談心」的結構創造出安全而不批判的空間，可支援建設性的情感表達，而非破壞性的情感表達。如果擱置這些情感不予表露，可能會堵塞團隊合作、協同作

用、創造力、創新和直覺，而這些對於任何創投企業的生產力和成功都至關重要。

「誠懇談心」的指導原則

一開始，請大家圍圈而坐，或圍著桌子而坐。請簡介基本協定，包括以下內容：

- 只有手拿「心形物」的人可以說話。
- 不得批判或批評任何其他人所說的話。
- 輪到你說完後，請把這個「心形物」（小物件）傳遞給左邊的人，或者，假如你無話可說，請說「我跳過這輪」。
- 你僅需說自己感覺如何。
- 所分享的資訊皆須保密。
- 直到宣告完成後，你才可離開這次「誠懇談心」。

圍繞著一個圓圈，繼續傳遞這個「心形物」（小物件）；如有必要，請多傳幾次，以確保參與者有一次以上的分享機會。如果你的時間很多，在這個「心形物」完整環繞一圈的時候，而且已經沒有人想要說話，這次「誠懇談心」就很自然完成了。

要求這個團體同意遵守這項指導原則非常重要，以便確保這項談話沒有惡化而失去價值。除非是手拿小物件的人，否則任何其他人皆不該說話，所以通常最好等到這項談話完成後，才提醒大家需要更加注意某些協定。也可選擇用紙筆或白板寫下這些協定，假如有人太過偏離常軌，僅需指著這些協定即可。繞著這個群組至少走一次，每個人都能輪到一次機會；或是訂定時間範圍，大約十五分鐘到三十分鐘，若是較為情緒激烈的議題，時間可以久一點。然後持續繞著這個小組一直走，直到時間已到，或已經無人想說更多話。

你可以使用任何物體傳遞一圈，用一顆球、一個紙鎮、一本書，只要是能被其餘參與者看到的任何東西就好。我看過各種東西，從動物布偶（某醫院全體員工）、棒球（大學棒球隊）、橄欖球頭盔（州冠軍橄欖球隊）到美國原住民的神喻說話杖（在某次公司泛舟活動旅行中）都有。「誠懇談心」方法的創始者是克里夫．多菲，他的網站有販售棉花填充的紅絲絨心形物，我其實偏好使用這個心形小物*，因為它提醒每個人：我們正在聽的字句，是來自其他人的內心。而我們要努力正中眼前事務的核心。

「誠懇談心」的預期成果

你可以從「誠懇談心」預料下列結果：

- 強化傾聽技巧
- 建設性的情感表達
- 改進衝突解決技巧
- 改善能力，放下怨恨與陳舊議題
- 發展互敬互重、理解彼此的關係
- 強化連結感、團結和羈絆

某次在挪威卑爾根市（Bergen），我對一百二十位學校行政人員執行為期一週的訓練。對我來說，那是我其中一次最寶貴的「誠懇談心」使用經驗。我們正要開始下午的會程，沒

* 欲知更多完整資訊，建議造訪 www.TheSuccessPrinciples.com/resources，你也可購買一本《成懇談心書》（*Heart Talk Book*）。每本書皆附一個亮紅色愛心卡片紙，背面印著這八項關鍵協定，在誠懇談心之前，可用來當作簡易提醒物。如果你是教育人員，也有針對這項主題的完整課堂指南。

想到有人宣布其中某位研討會參與者在午休時間車禍身亡。在場人員無不感到巨大衝擊和悲傷。要繼續進行既定議程，似乎不可能了。於是，我以六人為一組，將參與者分成小組，然後將「誠懇談心」的指導原則傳授給他們。我告訴他們，僅需繼續環繞傳遞這個心形物，直到小組的每個人已經接連說過兩次「我跳過這輪」為止，也就是大家都已經把話說完了。

這些小組邊說邊哭，超過一小時。大家說著自己的悲慟、自己對死亡的領悟、人生確實有多麼寶貴又短暫、生活有時候會多麼嚇人，以及有多麼必要活在當下，因為未來永遠無法保證。然後，我們稍作休息，才有辦法繼續進行已經排定的活動。不管有什麼樣的情緒，全都表達出來，讓大家聽見。整個團隊再度就緒，聚焦於我所準備傳授的主題。

挽救家族、企業和理智

詹姆斯（James）擁有一間小型家族企業，他與他的家人賴以維生，長達多年。他的兩個兒子都已結婚生子，也與詹姆斯的妻子一起擔任這間公司的員工。每星期至少一次，他們會聚在一起吃大餐。詹姆斯盡其所能，團結這個日益茁壯的家族。詹姆斯希望在他退休的時候，家族企業依然存續，為這個大家庭的每個人繼續提供生計。

雖然這項計畫表面上看似絕佳，但兩個兒子之間總是相互較勁，彼此競爭。自從他們的妻子開始到這間公司上班，事情開始分崩離析。一點小事就產生怨恨，但仍故作表象和平。後來，這些怨恨重新浮出檯面，他們言語尖酸刻薄，爆發出意料之外的憤怒。到了兩個兒子真正向對方打了幾拳，詹姆斯終於領悟，他們需要好好談談，消除怨憤。可是除非有某種強效基本準則存在，否則他怕情況會變得更加火爆。於是他決定使用「誠懇談心」這項架構。

在某次每週家族聚餐後，這群人圍成一個大圈圈坐著。他們出奇安靜，不知道將要發生什麼事。一開始，詹姆斯請每個人同意遵守這次會談的八項規定和結構。起初，大家傳遞這個心形物，沒有太多話可說。到了第二回合，其中某個兒子表達他的憤怒，他的心意觸及另一個兒子，甚至浮現更大的敵意。雖然如此，但顯然沒有人想要違犯這些指導原則、跺腳踏出門外或亂扔東西。

這項會談並非輕鬆容易。有時候，可以看得出來，每個人寧可去做任何其他活動，就算是洗碗也好。但是，隨著這個心形物不斷環繞這個圈子傳遞，每個人開始體驗到自己的心聲被聽見了，敵意開始逐漸消失。然後，某個兒子的妻子開始哭泣，跟大家說她實在不知道該怎麼辦。家族與企業盡是衝突摩擦，她再也無法忍受了。她說必須做出改變。那一刻，某件事釋懷了，群組裡的人無不紅了眼眶。隨著這個心形物一圈又一圈繼續傳遞下去，他們認同彼此之間的愛以及感激在心的事，悲傷的心情很快就被取代。

雖然將來會怎樣，仍是未定之數，但詹姆斯相信這次「誠懇談心」最有可能成為關鍵之事，挽救他的企業、家族和理智。

50 說出真相，避免耗能

「若有疑慮，請說真相。」

——馬克・吐溫，美國經典小說作者

我們大多數人迴避說出真相，因為真相令人不適。我們害怕後果，比如說，讓人覺得不自在、傷害別人感情或使人冒著危險。雖然如此，如果我們不說真相，而其他人也不告訴我們真相，我們無法從現實面基礎來處理事務。

我們全都聽過這句「真相使你自由」。確實如此。**真相使我們能夠以事情該有的方式自由處理，而非以我們想像的方式、希望的方式或可能以謊言操弄的方式來處理。**說出真相，也可釋放我們的精力。抑制真相、守住祕密或窮追不捨，都會耗費能量。

釋出祕密有不少好處

在我為期四天的進階研討會裡，我通常會進行一個名為「祕密」的流程。這是非常簡單的練習，我們花費一兩小時，把我們的祕密告訴群組裡的人，而我們猜想如果別人知道這些事，他們肯定不會喜歡我們或認同我們。我邀請參與者僅是站起來，告訴組員他們隱瞞的任何事，然後坐下。

沒有任何討論和意見回饋，只有分享和傾聽。一開始進行得很緩慢，大家試試水溫，說著「我八年級時，數學考試作弊」、「我十四歲時，我從五金行偷了一把小刀」。但是，隨著大家明瞭這對所有人皆無壞處後，大家都敞開心胸，談起更加深入又更痛苦的議題。

後來等大家再也說不出更多祕密後，我會問組員，在這個群組裡，他們是否覺得較不被人所愛或較不受人接納。在這些年裡，我從未聽過任何人說「是」。

然後我問：「釋懷這些事情後，有多少人覺得寬慰不少？」

每個人都說非常寬慰。

然後我又問：「有多少人覺得更親近小組中的其他人了？」所有人全都舉手。大家領悟到，他們所隱瞞的事並沒有那麼駭人，那些祕密事實上在小組中經常至少有幾個人會彼此分享。他們並不孤單，反而只是這個人類社會的一分子。

不過，最令人驚奇的是大家在接下來幾天呈報的事。一輩子的偏頭痛消失了。大腸激躁症緩解，不再需要服藥。憂鬱症消散，活力恢復。人們實際上看起來年輕好幾歲，精神煥發，實在驚人。某位參與者實際回報，在接下來兩天他減重二．二七公斤，看來他釋出的隱瞞資訊確實不少。

這個例子告訴我們，隱瞞真相需要耗費不少能量，而這樣的能量一旦釋放，可以用於我們人生各方面，專注在創造更偉大的成就。我們能夠變得較不疑神疑鬼，變得更有自發性，更願意成為我們天生的本我。一旦這件事發生，那些能使事情奏效又能把事情做好的至關重要的資訊，就能被廣泛分享，並據此行動。

最需要被分享的三件事

在我們生活各方面，有三件事最需要被分享出來，那就是日積月累的怨恨、那些加深這些怨恨而未實現的需求和強烈要求、未曾表達出來的賞識。

在所有怨恨之下，其實潛藏的是未經實現的需求和渴望。不論何時，只要發現自己怨恨某人，請捫心自問：「**我到底想從他身上得到什麼，而我卻沒能得到？**」然後立下承諾，至少要問看看。一如我們先前所述，最糟的只不過是對方回答「不」。你說不定也會聽到「好」。但至少你已經開誠布公說出這項請求了。

對大多數人來說，最有價值但也最難實踐的是，在令人不舒服的情況下說出真相。我們大多數人都很擔心傷害別人的感情，以致於不敢分享我們的真正感受。結果，到頭來卻反而傷害自己。

願意說出真相，讓計畫順利進行

我創立「自尊基金會」（Foundation for Self-Esteem），致力奉獻於非營利的教育界、監獄、社會服務與其他高風險族群。不久之後，我的主任賴瑞．普萊斯（Larry Price）發現，洛杉磯郡立教育局（Los Angeles County Office of Education）曾經發布某個提案請求。原來是有超過八四％參加「郡立以工代賑培訓計畫」（welfare-to-work orientation program）的人，在開始進行工作訓練內容第一天後，就再也沒有回返。這個郡知道需要有個培訓計畫，為人們帶來希望，激勵他們完成工作訓練，為自己與家人創造更好的生活。

我們知道自己能夠設計一項計畫，符合這個郡的提案請求相關規範。不過我們也知道，這項計畫的聯繫時數和穩固性尚嫌不足，無法產生這個郡希望的結果。這個郡曾經預想的計畫方式顯然就是不管用。

然而，我們熱切設法取得這項七十三萬美元的合約，以便解決基金會急需的營運資金。我們決定製作一項涵蓋廣泛範圍的提案，在努力好幾個月後，我們雕琢出一份絕妙簡報。就在截止日期的前一晚，我們甚至為了敲定、列印、校勘即將提交的無數文件副本通宵熬了一整夜。

這肯定是個很好的提案，因為我們獲選為最終晉級決選的三隊之一，曾被叫進郡立辦公室當面接受訪談，做出最終簡報。

我依然記得站在郡立辦公室的前面，對賴瑞說：「你知道嗎？我不確定是否想贏這場競爭。不管我們整理出多棒的計畫，他們想要的方式不可能帶給他們希望的結果。我認為應該告訴他們真相。他們如何知道這項計畫必須有怎樣的結構？他們不是激勵專家，他們完全不懂，又怎有辦法要求某事？」

我們害怕郡立辦公室官員會覺得受到沒來由的批判或批評，而將這份合約授予他人。這個風險很大，尤其事關金錢數字。不過，我們決定說出真相。

郡立辦公室官員的反應讓我們很訝異。聽完我們的觀點後，他們決定不管怎樣都要聘請我們，因為我們願意說出真相。分析我們所說的話之後，他們認定並覺得我們是唯一人選；

我們正確了解他們正在應付的狀況。

成效實在棒極了，這項計畫終於開發出來，名為「目標計畫」（GOALS Program），受到十九個其他郡縣福利計畫採用；其他二十二州的組織也採用，像是「美國住房及城市發展部」（Housing and Urban Development Authority）、「領先一步」（Head Start），也用於聖昆丁（San Quentin）州立監獄與其他幾個監獄，當作出獄前的課程*。截至目前為止，有八十一萬人已從這項計畫結業。

說出殘酷真相的「完美時機」

我從洛杉磯郡立教育局這件事發現，說出真相正是贏得合約與失去合約之間的差別。我們大可以犧牲自己的正直誠信，但是我們反而決定趁早說出真相，而非稍後才說。

學會早一點說出真相，是你將來務必培養的其中一項最重要的致勝習慣。**事實上，只要你開始自問這個問題「我在想，幾時才是說出真相的最佳時機」，那個時候就是進行此事的最佳時機了。**

情況是否令人不舒服？可能會。是否會產生許多反應？當然。不過這是正確做法。要養成習慣，快一步說出真相。到最後，一旦你想到這件事，你還是會想要盡快把它說出來，切入正題。到那個時候，你才會變得全然真實可靠，所見即所得。人們會知道你的立場，你坦言直說，而值得人信賴。

害怕傷害對方的感受，反而延誤攤牌時機

很多時候，人們找藉口，說他們不想傷害另一個人的感受。這絕對是謊言。如果你曾經發覺自己這樣想，真正發生的事情是你想保護自己的感受。你想避免對方發脾氣，想避開自己將會產生的感受。這種做法很懦弱，只會延誤攤牌時機。

這些事情包括：向子女說你要離婚了；全家要搬到德州，因為爸爸找到新工作；你不得不資遣某些員工；今年不打算全家出門度假了；你必須將家裡的寵物安樂死；你無法在允諾的日期前完成訂單交付；由於股票交易失利，你損失家裡的儲備金。

隱匿真相，一定適得其反。你拒絕透露真相越久，你越會引發更多有害行為，損及你自

＊欲知更多「目標計畫」詳情，請參考網站 www.TheSuccessPrinciples.com/resources。

己和其他相關人士。

不昧專業，揭露事實

「我不希望身邊盡是唯唯諾諾的人。我要大家告訴我真相，縱使可能損及他們的工作。」

——塞繆爾．戈德溫（Samuel Goldwyn），米高梅電影公司（Metro-Goldwyn-Mayer Studios）共同創辦人

譚熙烈是部門經理，監督「美國米勒軍哨購物中心」（Miller's Outpost）三百二十家店面的營運。當時某位朋友告訴她，耐吉公司（Nike）打算開設自己的概念店，而首席執行長菲爾．奈特（Phil Knight）有意聘請她監督這項專案。耐吉公司那時覺得很沮喪，因為諸如富樂客公司（Foot Locker）的運動鞋商店，陳列耐吉的服飾時，並未按照耐吉生活風格形象正確描寫的方式。馬瑞琳認為，到耐吉公司工作，將是很棒的機會，所以她先拜訪一些擺售耐吉服飾的不同店家，在會議之前先做一些研究，如此一來，她就能準備好向菲爾提案，解

說如何打造一間商店，讓耐吉能引以為傲地呈現產品給這個世界。

進行研究的時候，她發現兩件事：鞋類非常好，機能性很強、耐用、價格不錯，但服飾簡直是災難，品質、尺寸、耐用性全都時好時壞，而且沒有經過整合，顏色也不協調。她後來發現，耐吉的服飾生產線只是事後添加的事物，目的只是為了回應消費者想要更多耐吉標誌服飾的需求。這個想法沒有經過協調，所以耐吉純粹是向外購買庫存品，然後放上自己公司的標籤。這家公司向不同製造商購買服飾，但是尺寸、品質或顏色的標準皆不統一。這樣的形象無法真正反映品牌。

馬瑞琳陷入兩難，她渴望為耐吉公司工作，但這卻與她對產品的專業判斷產生衝突。她很擔心，如果她告訴菲爾，這項產品不符合品牌形象，而且不該放進店裡，她可能無法獲得這份工作。

在俄勒岡州（Oregon），她終於見到菲爾．奈特。起初的談話是有關新店面概念的潛力，非常令人激動。但是隨著談話繼續展開，馬瑞琳變得越來越不自在，因為她知道有必要說出真相，說明這項商品的品質，以及她的信念，也就是：假如公司貿然進行，卻沒有事先創造一條標準化且經過整合的產品線，這些商店會失敗。不過，她猶豫不決，因為她害怕菲爾趕著要籌備商店營運，而找其他人代替她來做。兩小時後，她終於說出口，她告訴菲爾，耐吉的鞋類非常棒，但是如果他們是基於服飾和配件來成立概念店，即使服飾是很小的影響因素，僅占公司整體銷售量大約五%，也會超過這家店面展示品的一半分量。她跟他說，由於這些產品無法反映耐吉公司的立場，她認為這些商店會失敗。

正如她所害怕的那樣，她揭露此事，到頭來卻讓對話很快結束了。她搭機飛回加州，納悶自己是否做了正確的事。她覺得自己可能錯失這家公司的任何工作機會了，可是她說出真相，感覺卻很不錯。

兩週後，菲爾·奈特打電話給她，跟她說他已經重新考量她所說的話，自己也針對商品的品質做了一番研究，也同意她對狀況的評估。他給她這份工作，擔任「服飾配件部」第一位副總。他對她說：「你過來，修正這些商品，然後我們開店。」

一如所料，接下來的事人盡皆知。雖然這項決策等了將近兩年，延後了耐吉商店的開設，但是服飾部門卻大幅成長，而這些概念店幫助耐吉公司持續擴張，更加抓住美國人的想像力*。

關鍵對談的訣竅

諸如馬瑞琳·譚姆與菲爾·奈特之間的對談，肯定很不自在，也相當困難。但是只要有人精通這些困難的關鍵對談訣竅，事業生涯就能夠平步青雲。如果要展開關鍵對談，而且是那種情緒高漲又意見大多分歧的對談，以下有些準則可以幫你。

第一步，請先別把真正的事實擴大為真正駭人的事，不要在對話之前先嚇死自己。對於別人聽到某件事會採取什麼做法，大多數人會預設立場，而且由我們自己娓娓道來一段故事，並且附加感情在已經發生的事情上，僅需幾秒就能完成。

如果你需要進行關鍵對談，但是自己裹足不前，說「我很怕他們如何反應」或「我不知道如何起頭」，請明瞭你不願處理的議題不管你怎麼忽略它，也大概不會消失。在這些狀況裡，運用公式將有助益，不但可以讓你逐步經歷這個對談，也可同時幫助你們兩人判定解決辦法。

1. 一開始，不論僅是要表達你自己並且一吐為快，或是最後要解決某項問題，請先判定你進行這項對談的動機。

---

* 我強烈推薦這本激勵人心的好書：馬瑞琳著，《如何使用已有之事，取得想要的事》（*How to Use What You've Got to Get What You Want*），紐約：精選書籍出版社（SelectBooks），二〇〇四年。在書裡，她分享自己卓越不凡的人生，以及她所學到的成功準則。她出身香港傳統家庭，卻如流星般耀眼，躋身主管階層，任職於世界一流的國際企業，如「肯夢」（Aveda）、「銳步」（Reebok）、耐吉。

2. 確定安排足夠時間來進行對談。
3. 預先規劃你的對談內容，琢磨一份清楚的訊息，使你保持正軌。一開始，請說出實際發生或正在發生的事實，對比你腦海裡可能編造出來的故事。你會如何報告這項情況的事實？請務必區分「真正事實」與「故事」，以及你對狀況或事件所依附的感受。
4. 報告事實後，要問對方「你對這件事有何看法？他們認為有什麼影響？」很多時候，我們會先入為主，或想像某些可怕反應或後果，卻不清楚另一人對這件狀況的實質體驗是什麼。
5. 如果實際上你是為了尋求解決辦法，請詢問另一方，為了解決問題，他們願意去做什麼？有時候，僅是表達你自己，就可能是你的目標。
6. 如果你決定解決這項議題，請彼此協定，並且用文書記錄你們兩人將要採取什麼行動、到何時之前將會採取行動、如何彼此追縱後續*。

克服你對批判的恐懼

有時我們沒有在第一時間說出事實，是因為怕被別人批評。我們認為自己不夠好、很奇怪或非常不對勁，所以不願意透露真相、不願解釋我們不能參與的原因、不願意承認我們是如何把事情搞砸，不願揭露為什麼不能捐贈或表達與眾不同的觀點。

也許以前我們曾試探性地提出解釋，結果飽受批評，所以現在猶豫該不該再敞開心房，再次接受批評，但這樣自我壓抑很耗精力，我們必須觀察自己的談話，規劃我們所有的行動，記住曾向誰說了什麼，並持續對我們的「狀況」想出禮貌的解釋。相反地，如果說明理由後就能繼續前進，這樣多麼自由。這種自信威力強大，也令人欽佩。很少有人會批評你的坦率。

查理．柯林斯（Charlie Collins）當年九歲，被診斷罹患黃斑部病變。到了十三歲，根據法定標準，他被宣告具有視力障礙。除了昏暗的形狀、色彩和微光部位，查理看不到任何東西，因此他一路掙扎念完高中，努力念大學，卻被退學兩次，然後開始酗酒嗑藥。查理搬回去與父母同住，到處不停打零工賺錢，最後創立自己的公司「視力動態」（Vision Dynamics），供應產品和服務給低視能眼盲人士，讓他們能夠過著獨立快樂的生活。不

---

* 有兩項寶貴資源可運用：道格拉斯．史東（Douglas Stone）、布魯斯．巴頓（Bruce Patton）、席拉．西恩（Sheila Heen）和羅傑．費雪（Roger Fisher）合著的《再也沒有難談的事》（*Difficult Conversations*）。科里凱利．帕特森（Kerry Patterson）、約瑟夫．格雷尼（Joseph Grenny）、羅恩．麥克米蘭（Ron McMillan）和艾爾．史威茨勒（Al Switzler）合著的《關鍵對話》（*Conversations*）。

過，即使查理隨後的事業很成功，婚姻幸福，他的自尊很低，依然認為自己是「愚蠢的盲人」。

為了提高自尊，查理在網路上找到我的有聲專輯《最大的信心》。後來他找到我其中兩個有聲書《心靈雞湯：關於勇氣》（*The Aladdin Factor*）和《聚焦的力量》。接下來兩年，他反覆聆聽這些錄音帶。就是那時候，他決定參加我某個為期三天的研討會。他用自己的話說出其餘的故事：

二〇〇八年初，我向傑克．坎菲爾學習，印象如此深刻。在為期三天的研討會裡，我竟然坐在第一排，傾聽這個人現場演說。

幾星期之前，我報名參加課程，沒有跟任何人說我有視力障礙。現在，有超過三百位睿智成功人士圍繞在我身邊，我試圖隱藏自己的殘疾。我認為這些人可能會覺得我很可憐，或是會看輕我。

在第一天，這還不成問題。我拿出厚厚的筆記本，用大支的麥克筆書寫；只有這樣，我才能夠看到自己正在寫什麼。後來我右邊某位女士問我能否使用不同的筆，因為麥克筆濃厚難聞的味道讓她很困擾。我不想跟她說為何我需要使用這種特殊類型的筆，於是我拿出一支原子筆，假裝用這支筆寫字。

隔天，我隱藏的事情更是雪上加霜。我抵達晨會現場，看到我們的名牌攤放在門外桌上。我根本看不見上面所寫的字。我環顧四周，確認沒人看著我，然後彎著身子，鼻子與名牌只有大約三公分的距離，努力找出我的名牌，只要聽到有人靠近，我就挺直身子，大約每隔三十秒就一次。

這樣經過幾分鐘後，我驚慌失措，準備逃回我住的飯店房間，跳過這場會議，躲起來，直到搭機回返康乃狄克州的時間到來。

大門即將關閉，我正好想到主意。下一個走到桌旁的人是一位女性。我說：「抱歉，我把眼鏡留在房間裡了。我的名字是查理。能否請您幫我指出哪一個是我的名牌？」她露出微笑，把名牌拿給我。我向她道謝，心臟跳得很快，趕快衝進會議室。

在第一次休息時間，我走到舞台上，跟傑克打招呼。我們開始聊天，然後不知什麼原因，我把自己找名牌的經歷告訴他。休息時間結束後，我坐回原位，準備想聽更多內容，當時聽到傑克說「請拿一支麥克風給查理」。然後他請我站起來。

傑克說：「嗨，查理。我要你環顧四周，看看屋子裡全部的人。現在，請將你在休息時間跟我說的事告訴大家。」

我氣炸了！他怎麼可以這樣出賣我？他怎能逼我跟大家講我的祕密？可是我照做了。隨著我把話說出來，我能感受到越來越多的力量流入我的內心。我說完故事，大家鼓掌喝采！

傑克說：「所以，查理，我猜你抓到重點了：你不必再這樣過日子。從現在開始，你不必再任憑視力殘疾主導你的人生。」然後他環顧室內一圈，問大家：「請問這裡的任何人，如果查理靠近你並且請求協助，有人會說『不』嗎？」

室內一陣躁動。每個人大喊：「我要幫他！」、「我樂意幫忙！」、「我當然會幫他！」

傑克繼續說：「人類喜歡互助合作。這就是我們的生存意義，要彼此互助合作。而有些時候，我們全都需要求助。你儘管開口說出真相，要求協助。現在你相信了嗎？查理？」

我大感訝異，確實相信了。

在接下來的研討會裡，查理過得很愉快。雖然查理覺得有些脆弱，但卻變得更敞開心胸、坦率真誠，也比之前更有力量。他的轉變，也是自己終於找到真正的天職：成為激勵演說家，激勵他人超越生活的挑戰。

當查理的公司銷售讓視障人士生活得更輕鬆的產品時，他藉由個人成長研討會和課程來激勵他們授予他們權力，這種獨特的手法讓他的事業年年蒸蒸日上。此外，查理走遍全國各地，和視力正常的人及盲人族群交談，討們如何克服我們的「盲點」。由於他總迅速地說出事實，所以達成了他真正的人生目標——教大家如何真正恢復「視力」。

51 讓你說的話無懈可擊

「無懈可擊的言論可以為你帶來個人自由、偉大成功與豐盛，還能夠帶走全部的恐懼，轉化為喜樂與愛。」

——唐・米蓋爾・魯伊茲（Don Miguel Ruiz），《讓夢想覺醒的四項約定》（*The Four Agreements*）*作者

就我們大多數人而言，我們說話不經大腦思考。我們鮮少停下來思考自己正在說什麼。我們脫口說出思想、意見、批判、信念，沒有留心這些可能造成的損害或益處。

成功人士正好相反，他們是說話大師。他們明白，如果不能掌控自己的言論，就會受到這些言論的宰制。不管是對自己還是對別人，要意識到自己思考的想法與自己所說的話。他們知道，為了要更成功，自己所說的話必須能夠建立自尊和自信、建構人際關係、打造夢想，用字遣詞具有正面肯定性、鼓勵、欣賞、熱愛、接納、可能性與願景。

說話無懈可擊，就是從你的最高自我來說話。這意味著你的措辭帶著意圖與正直誠信，你的言論對準你所說想要產生的事情，也就是你的願景和夢想。

你的言詞具有力量

在你說話無懈可擊時，你的言論具有力量，不僅對你本身如此，對其他人也是。**說話無懈可擊，言詞內容僅需真確無誤、鼓舞支持，並且肯定其他人的價值。**

隨著你學會如何說話無懈可擊，你會發現，**措辭也是所有人際關係的基礎。我如何對你說話以及說起有關你的事，決定了我們之間關係的品質。**

* 我想對唐．米蓋爾．魯伊茲表達感激，他著有《讓夢想覺醒的四項約定》。本章內容裡的「無懈可擊措辭」源自他的洞見。欲知更多資訊，我強烈鼓勵各位閱讀：《讓夢想覺醒的四項約定》。

你說的話會產生漣漪效應

「汙穢的言語一句不可出口，只要隨事說造就人的好話，叫聽見的人得益處。」

——《以弗所書》第四章第二十九節

成功人士說話不排斥任何群體，不會語帶分化，用詞具有接納性質，而非語帶抵制，並且言詞深具寬容，而不是措辭帶有成見。

如果我向你表達愛與接納，你將會因我而體驗到愛。如果我對你表達批判與輕蔑，你會反過來批判我。如果我對你表達感恩與欣賞，你也會反過來向我表達感恩與欣賞。假如我衝著你表達恨意言論，你最有可能反過來恨死我。

事實上，你的言論會散發出一種能量或訊息，讓別人產生反應，這種反應通常會加倍回報於你。如果你粗魯、不耐煩、傲慢或有敵意，那麼可以預料別人也會以負面舉止回應你。你所說的一切都會對世界產生作用。你對別人所說的每句話，都會對那個人產生效果。你要明白你的措辭會持續產生某些事情出來，不論正面或負面皆是。

請總是捫心自問：我即將要說的事情，是否會進一步促成我的願景、使命和目標？聽到的人是否因此提振精神？是否會鼓舞、激起、創造衝勁？是否會消融恐懼，創造出安全感和信賴？是否會建立自尊、自信，並且樂意冒險與採取行動？如果不是，請找出那些可以辦到的字詞，或乾脆保持沉默。

停止說謊

與其他負面舉止相同，每當你說謊，你不僅與你自己的高我離得更遠，還會有被發現的風險，也會更加腐蝕別人對你的信任。

對於《心靈雞湯》系列，我們的方針是：排除顯然是說教譬喻或寓言性質的詩詞和故事，《心靈雞湯》印製的所有故事皆須屬實。這對我們來

© Randy Glasbergen, 1997.
當皮諾丘和其他女生
在網路上聊天……
砰
GLASBERGEN

圖表 4-1　說謊的後果

說很重要，因為假如故事激勵人心，我們希望讀者能夠說「如果他們能夠辦到，那麼我也能做到」。

我們偶爾會發現某位投稿人杜撰故事，純粹是憑空假造故事而已。每次我們得知此事，我們最終都會決定不再使用這位作家所寫的任何故事。我們不再信任這樣的作家，他們的言論不再無懈可擊。

在現實生活裡，說謊是低自尊的產物；你的信念是：不知何故，你和你的能力就是不足以獲得你想要的事。這也是基於虛妄的信念，你以為萬一人們知道你的相關真相，你會無力處理後果。這簡直是「我能力不足」的另一種說法。

不閒言閒語、妄作批判

回顧歷史，世界上所有受到最高尊崇的人與精神導師，全都警示我們，不要對別人閒言閒語，妄作批判。這是因為他們知道不實謠言有多麼損人。言語不和，戰爭一觸即發。言詞可以殺人，交易也因言詞而丟失，婚姻也可因言語而遭到破壞。

不僅如此，閒言閒語和批判言論也會影響你，因為到最後你會釋放毒物到能量之河，而這條能量之河原本是要為你帶來真正想要的事情。

就算沒有說出任何字句，其他人也能挑出你對他們妄自批判的負面批評能量。況且，你對別人品頭論足，也會產生一種迴力到你所談論之人身上。很多時候，有些關心我的人會打電話跟我說，某個我認識的人在背後說我壞話。這對我與他們的關係有什麼好處？這樣只會隱約產生裂痕。

此外，我透過自己的痛苦經驗學到，每當我閒言閒語議論另一個人，這樣會使我當下心情鬱悶；把我的注意力聚焦於我人生不想要的事情上，而非創造出我真正想要的更多事物白費唇舌。我已經學會：反而要把言語的力量聚焦於「豐盛」，方可運用我的精神力和口語力量，創造出我真正想要的更多事情。

對人講話時，為了說得更加無懈可擊，請做下列事情：

- 對別人說話的時候，請致力於讓你的說話能力無可挑剔。
- 針對你與之互動的每個人，要努力賞識對方，探尋他們正面可取之處。
- 在應對他人且與他人互動的所有時候，要盡其所能，致力說出真相。專心致志做這件事一天，然後連續兩天，再來則是整個星期都這樣做。如果你動搖了，請重新來過。繼續建構這樣的實力。

• 每次與人互動，務必以某些小方法鼓舞對方。你可以注意到每當你這麼做時的感覺。

通常，我們會以破壞性的方式用字遣詞，不是因為我們是壞人，純粹是因為我們沒有多加注意。沒有人教過我們用字遣詞其實有多麼大的威力。

阻止無聊的流言蜚語

在我第一年到高中教書期間，我學到流言蜚語有多大威力。我到學校第一天，在開學之前，我走進教師休息室。其中一位年長老師走過來跟我說：「你教美國歷史課，我看到你班上有位名叫『戴文．詹姆斯』（Devon James）的學生。我去年教過他。他真的很糟糕。祝你好運！」

各位可以想像，我一走進教室，看到戴文．詹姆斯，然後發生了什麼事。我一直放大檢視他的每個舉動。我等著看他顯示他理應呈現的糟糕跡象。戴文沒有絲毫機會，他已經是扮演同一類型的老角色。早在他開口說話之前，我就已經對他有先入為主的印象。毫無疑問，我甚至在傳送一種無意識的信號給他：我知道你是麻煩製造者。這就是「偏見」的定義——

早在你真正有機會了解某人之前，你就先入為主批判對方。

我學到的是：在我親自見到某人之前，絕不讓其他老師或就此而言的任何人告訴我「別人是怎樣」。我學會仰賴自己的觀察。我也學會，如果我尊重對待所有人，並且透過我的說詞和行動向他們示意，表達我對他們有高度期許，他們幾乎總是不會辜負這樣的正面期許。

當然，流言蜚語最大的代價就是：它會剝奪你的清晰思路。無懈可擊的人能把世界看得更清楚。他們想得更清楚，因此能夠更加有效做出決定和行動。在《讓夢想覺醒的四項約定》這本書裡，魯伊茲認為閒言閒語的過程就好像釋放電腦病毒到你腦袋裡，每次都讓你的思路日漸模糊。

以下是某些實用方式，阻止自己閒言閒語，避免他人說三道四：

1. 改變話題。
2. 談到另一人的正面事蹟。
3. 遠離這場對話。
4. 保持安靜。
5. 清楚陳述你不想再度參與講別人閒話。

檢視自己的感受

要如何知道自己的措辭何時無懈可擊？在你感受良好、快樂、喜悅、冷靜、和平之時，你的措辭便是無懈可擊。如果你的感受不是這樣，請檢查你的思想、自我對談，以及你與他人的口頭溝通和書面通訊。

一旦你的用字遣詞開始更加無懈可擊，你會看到人生各方面發生變化。

52 有疑慮，就查證

「鐵的事實或許能夠被取代，但如果真是如此，我不清楚那會是什麼。」

——保羅．蓋帝（J. Paul Getty），美國富豪，《如何致富》（*How to Be Rich*）作者

太多人浪費寶貴時間和珍貴資源，猜想其他人在想什麼、盤算什麼或在做什麼。他們不直接詢問澄清，反而逕自假定，通常假設對方對他們不利，然後再根據這些假設做出決定。

成功人士卻非如此，他們不浪費時間假想或猜忌。他們僅是詳加查證「我在猜想如果……」或「那樣做是否可以……」或「你是否覺得……」等等。他們不怕遭拒，所以開口提問。

預設立場只會帶來偏見

預先假定任何事，會產生什麼基本問題？人們通常最怕自己不知道的事情。與其深入查證事情，他們會假設那些可能不存在的事實，然後按照這些假設構成偏見。他們根據這些假設、謠言或其他人的意見，做出不良決定。

思量一下，關於某個狀況、某人、某問題或機會，一旦你明瞭所有事實，「真正實際的」事實，會有何差異？那麼，你就能夠根據真實情形，做出決定並且採取行動，而非根據你憑空杜撰的事情。

某次我舉辦研討會，我記得其中某位參與者坐在室內後方，看起來他就是不太想待在那裡。他面露敵意和沉悶的表情，雙手環抱胸前。他看起來很陰沉，這種感覺持久不散，似乎很討厭我所說的一切。我知道如果我不小心注意，我到頭來會把焦點放在他身上，以及他明顯的敵意，反而有損室內的其他聽眾。

如你想像，沒有任何講師想要聽到某位聽眾是被上司強迫而來研討會，或是這位聽眾對題材不滿意，或甚至更糟的是，他討厭講師這個人。從這位參與者的肢體語言來看，要假定其中某些事是這種狀況，其實很容易。

相反地，我查個水落石出。

在第一次中場休息時間，我靠近他，跟他說：「我不得不注意你，你看起來真的心不在焉。我在想，是否這個研討會對你不管用。或是你上司違背你的意願，叫你過來這裡，而你其實不想在這裡。我只是真的很關心。」

就在那時，他整個神態舉止轉變了。他說：「噢，不是。我很喜歡你所說的每件事。可是我覺得自己好像感冒了。我不想待在家裡而錯失研討會，因為我知道這場研討會有多精采。我必須耗盡每分注意力，聚焦當下，但是非常值得，因為我獲益良多。」

哇，如果我沒問，我可能會假定最糟狀況，毀了我一整天。有多少次，不管情況好壞，你沒有詳加查證就妄自猜忌？

你是否未經查證，就假定某個特殊專案到期時，各組人馬會準時交件？你是否未經查證，就假定你所提供的事正是每人所需？你是否未經查證，就假定在會議尾聲時刻，每個人都很清楚是誰負責在哪個日期之前完成行動事項？

想像一下，先不預設立場假定，反而說「約翰，在下週五前，你必須完成這份報告，對吧？瑪莉，下週二下午五點前，你必須請印刷廠提供報價，對吧？」情況會有多麼簡單。

面對壞消息，通常猶豫不決

通常在我們假定最糟狀況時，我們不想詳加查證，僅是因為害怕答案可能會怎樣。如果我下班回家，而我妻子臉色陰沉，則很容易假定她在對我生氣。就算我踮著腳尖走路，小心翼翼，猜想我可能做錯事，唯恐被她叱責，那麼何不想像只要我跟她說「你看起來不開心，怎麼了」，反而更能改善我們之間關係。

只要你開始詳加查證，那時候就會發生兩件事。第一，你找出真正的事實。你是否真的做錯事，或者她剛好接到妹妹打來的煩人電話，而你卻不知道？第二，你可選擇做點什麼，幫助她轉換心情，如果你知道到底發生何事的話。

至於那些可能改善你生活品質的事，也是同樣道理。或許你假定，要在這麼晚的日期拿到搖滾演唱會門票，實在沒辦法了，或者你認為絕對不會錄取那項藝術課程，或者你覺得無力負擔那間高檔餐廳的古風自助餐費用。

開口提問，其實非常簡單。你可使用下列字詞詳加查證：「我在想是否……」「如果這樣……，是否可行？」「你是否覺得……」「是否有可能獲得……」「我必須做什麼，才可……」「若你能夠去做……會發生什麼事？」等。

改善溝通的技巧：「你的意思是？」

有另一項詳加查證假設的方法，即是使用我在「伴侶輔導課程」傳授的某項技巧，可以幫助改善你們關係裡的溝通狀況。我稱之為「你的意思是？」技巧。

假設我的妻子要求我，在星期六幫她清理車庫。

我說：「不行。」

現在，我的妻子可能瞬間假定「傑克對我生氣。他根本不在乎我的需求。他毫不在意我的車子再也停不進車庫」等等。但是，有了「你的意思是？」技巧，她不再猜忌，反而詢問我真正的想法是什麼。

「傑克，你的意思是說，你絕不會幫我做這個苦差事，你想要我自己來做一切？」

「不，我的意思不是那樣。」

「你的意思是說，你寧可去做其他事？」

「不，我的意思也不是那樣。」

「你的意思是說，你星期六很忙，你已經打算去做其他事情，而我卻不知道？」

「對，這才是我確切的意思。很抱歉，我還沒告訴你。我一不留神就忘了。」

有時候，人們不會馬上說出答案背後的理由。他們只會說「不」，卻沒解釋自己的立場。男人最有可能這樣回答。然而，女人卻經常給你各式各樣的理由，說明為何她們的答案是「不」，但是男人卻較常直接說出基本意思，而非說出詳情。提問「你的意思是？」，可以更加釐清狀況，如此一來，你才不會徒留納悶，反覆思索到底是怎麼回事。

查證，有助溝通、人際和生活

查證你的假設，可以改善你的溝通、人際關係、生活品質，尤其是你的成功與工作職場裡的生產力，你會開始獲得更好的結果。你露面時不再錯漏內容。你不再猜忌別人是否要去做他們不做的事情。每當你略知芭芭拉（Barbara）無法準時完成，你會打電話給芭芭拉，詳加查證。

威廉．愛德華茲．戴明（William Edwards Deming）是非常傑出的系統專家，曾經幫助第二次世界大戰後的日本製造汽車、電子產品和其他商品，幾乎比地球上任何其他國家都還要出色。他曾經說過，任何專案最初的一五％進度是最重要的。在此處，你必須加以釐清、蒐集資料、查核事情。

舉個例子，每當你進入某段事業關係，你在起初階段做決定，也就是在最初的一五％進度，決定你們如何一起合作、如何解決衝突；如果有人想離開，退出策略是什麼；如果其中某人無法遵守自己在這次交易的立場，判定的標準是什麼；以此類推。在這些關係裡，大多數衝突稍後才會出現，原因是人們做出不正確的假定，沒有詳加查證。他們無法針對彼此的協議事先釐清。

善用「一五%法則」

當然，這項「一五%法則」也適用於你可能想追求的任何個人目標。還記得暢銷書作家提摩西．費里斯嗎？他曾經接受短短六週的訓練，就贏得國家拳擊賽冠軍。這個故事背後的故事是：對於拳擊比賽規則，他沒有先入為主的假設，反而徹底查證這些規則。他從自己的研究得知：只要在單一回合裡，先把對手擊出場外兩次，就能贏得比賽。

在現今的拳擊圈裡，大多數人只想著踢腿和出拳。費里斯剛好相反，他是經過訓練的摔跤選手。於是他告訴教練：「別教我如何將對手一擊倒地。請教我如何將對手逼出場外，同時讓我自己不被擊倒。」這就是他的冠軍致勝之道。在「規則實際情況是什麼」與「人們假定規則是什麼」之間，他判定箇中差異。

生活裡，有許多例子可循，規則之間其實尚有操弄空間。如果你不開口提問，僅是假定你無法實現某事，你可能會錯失機會，錯失從某些間隙或其他潛藏的事實中，輕易獲致成功。只有在你細細研究一番之際，也就是在你詳加查證時，這些間隙或事實方可顯現。

53 練習欣賞不一樣的美

「世人對愛及認同的渴望，超過對食物的飢渴。」

——德蕾莎修女，諾貝爾和平獎得主

「我認識的所有人，無論其職位有多高、多重要，都是在被肯定而非批評的狀態下，工作表現更好，並投入更多努力。」

——查爾斯．舒瓦伯（Charles Schwab），美國鋼鐵公司（U.S. Steel Corporation）第一任董事長

近來的某份管理學研究顯示，有四六％的員工離開公司，這樣做的原因是他們覺得不受賞識；有六一％的員工說他們的上司並沒有看重他們是人，而有八八％的員工說他們無法從工作中獲得認同。

我從未聽過有人抱怨收到太多正面意見回饋。你有聽過嗎？所以事實正好相反，大家喜歡正面回饋。

不論你是創業家、管理者、教師、父母、教練或僅是朋友，如果你想與他人一同成功，就必須精通賞識之道。

想想看：每一年，某家管理顧問公司針對兩百家公司進行調查，主題是「何事激勵員工」。員工拿到一份清單，上面列出十件最有可能激勵他們的事情，員工總是把「賞識」列為首要的激勵因子。至於管理者和主管被問到怎樣排列相同清單，他們只把「賞識」列為第八項。顯然兩方的想法無法匹配

三種區分一個人偏好的賞識方式

「我們已經發現，對於『賞識』，人人皆有主要和次要的語言。比起其他語言，我們的主要語言更能向我們深入溝通。雖然我們可以用五種語言接受賞識，但我們不會覺得真正受到鼓勵，除非這項訊息是透過我們的主要語言來傳達。」

——蓋瑞．巧門（Gary Chapman）和保羅．懷特（Paul White），《從讚賞開始，

改變你的職場關係》（*The 5 Languages of Appreciation in the Workplace*）作者

二〇〇五年，我寫了這本書的第一版，我曾提及在三種賞識之間做出區分，這點有多麼寶貴。這三種賞識是：聽覺型（auditory）、視覺型（visual）、動覺型（kinesthetic）。這是大腦採計資訊的三種不同方式，而且每個人都有自己偏好的主導類型。聽覺型的人必須聽見，視覺型的人必須看見，動覺型的人必須感受。舉個例子，如果你將視覺回饋給予一個聽覺型的人，效果不會等同於口頭意見回饋。聽覺型的人可能會說：「他寄信、寫卡片和傳電子郵件給我，但是他從未花時間拿起電話，也不走過來這裡與我當面談話。」

視覺型的人剛好相反。他們喜歡收到自己能見的東西，可能甚至把這些東西貼在自己的小隔間、放在自己的布告欄或緊貼在冰箱外面。在收到賞識的信件、卡片、證書、牌匾、獎盃、相片和禮物時，也就是他們能夠看見並永遠留存相關記憶的東西，他們才會覺得受到賞識。通常從他們的牆面、公告欄和冰箱，就能看出這些人。他們身邊滿滿都是自己所愛與欣賞的提醒物件。

動覺型的人必須感受，例如：擁抱、握手、擊掌、拍背、背部按摩、一起散步、出去跳舞，或花時間一起玩某項運動。

雖然區分「聽覺型、視覺型、動覺型」是一種有用技巧，人際關係顧問蓋瑞·巧門建立一套「五種愛的語言」（Five Love Languages）模式，非常實用，進一步細化人們如何需要不同形式的溝通，才會覺得受到充分賞識與被愛。在他的著作裡，蓋瑞·巧門起初注意到這項區分對於伴侶關係的重要性，但後來所納的溝通對象包括孩童、成年子女、青少年、軍方人員、上班族＊。

五種「愛的語言」

1. **肯定句**：如果這是某人主要的「愛的語言」，而你敞開心胸又樂於表達，請告訴對方你認為他／她有多棒、你有多麼欣賞對方及其作為，並且分享鼓勵言語，表達你相信對方的天賦才能，這時候，對方會覺得最受關懷。
2. **高品質時間**：如果某人的「愛的語言」是高品質時間，在你與他們說話或從事當前活動時，不管事情有多麼微不足道，他們都需要你全心全意與他們相處。我的妻子茵嘉（Inga）是一位非常動能型的人。她主修體育，曾任按摩治療師和體能教練，教導滑雪和瑜伽，也喜愛健行、在海邊游泳、人體衝浪、跳舞，雖然如此，她主要「愛的語言」卻是高品質時間，而非如我原先所想的身體接觸。

每當我與她相處，她要我全部的注意力，要我關掉電視、不看電腦或手機，與她充分眼神接觸，積極傾聽她所說的話，並且給予回應。每次她參加精神導師的講習會，回家後，她總是評論那位導師有多麼全神貫注、有多麼深入傾聽她的話，以及她覺得有多麼受他關照和聆聽。她喜愛坐在池子旁，與人促膝長談。她喜愛與我或某位摯友一起散步很長一段路。她也很容易與她妹妹花一小時講電話，閒聊家人事情。

3. **收到禮物**：如果某人主要的「愛的語言」是收到禮物，你必須送禮給他們，使對方感到愛與賞識。「爸爸，你會帶什麼給我？」帕蒂．歐柏莉是「坎菲爾訓練團體」（Canfield Training Group）的總裁，她主要的「愛的語言」就是收到禮物。如果我出差旅行帶禮物給她，她知道我出差時也會想到她，所以花時間為她購買有意義的東西。可能純粹只是一瓶褪黑激素，因為我得知她晚上不好睡。或者是一箱麒麟無酒精啤酒（Kirin Free），這是她最愛的無酒精啤酒；以前我們曾去加州馬里布市（Malibu）「Nobu」日式料理店吃午餐，那時我才知道這是她最愛的啤酒。禮物也可

---

* 若要詳盡探討這五種語言，我推薦各位閱讀：蓋瑞．巧門的《愛之語》（*The 5 Love Languages*）和《從讚賞開始，改變你的職場關係》。

能像勞力士錶那樣貴；以前她幫我打造我們其中的某家公司，賣出這間公司後，我買了一只勞力士錶送她。

4. **服務行為**：如果某人的「愛的語言」是服務行為，那麼為他們做些事，可讓他們覺得受到賞識。這些事可以是：幫他們照顧小孩，讓他們有空去健身房；他們沒有開口要求，你就幫他們洗碗；把早餐拿到床上給他們吃；為他們跑腿辦事；自願幫助他們脫離某項專案困境。

5. **身體接觸**：這項「愛的語言」正如其名。一個溫暖的擁抱、親吻、依偎、握手、按摩、親密行為，就會讓對方覺得最受寵愛。在工作環境中，一個適度的擁抱、有力沉穩的握手、輕拍背部、相互擊掌、拳頭互相輕擊或一分鐘的肩膀按摩，都很管用。若身體接觸是員工和朋友的「愛的語言」，我也會送足部治療和足部按摩的禮券給他們。

對於所有這些事，切記其中某項關鍵：你主要的「愛的語言」可能不是你想賞識之人主要的「愛的語言」。如果你以錯誤語言賞識某人，不論對象是家裡的妻子或女兒，或是職場的某位員工或同事，就會宛如你對一個只說中文的人說著法語。訊息無法有效傳達。

也要切記：每個人也都有一個次要的「愛的語言」。我主要的「愛的語言」是身體接觸，但我也會對肯定句和禮物產生反應。我的妻子茵嘉也喜愛服務行為，而我的事業夥伴帕蒂也喜愛肯定句。

所以，如果你想成為真正的箇中好手，傳達非比尋常的賞識，你會想得知哪些種類的意見回饋對你的傳達對象產生最大的影響。以下是三種快速妙方，幫助你判定其他人的「愛的語言」。

1. **觀察另一人對別人的行為：**要判定某人的「愛的語言」，最簡單的某項方式即是：靜觀他們如何與別人互動。大多數人是以自身「愛的語言」在說話，所以他們的行為舉止可以提供線索，看出何事對他們最重要。在社交場合裡，他們如何反應？他們喜歡擁抱嗎？如果是，那麼身體接觸可能是他們主要的語言。他們是否一向優先給予讚美？假設情況如此，那麼肯定句可能是他們的「愛的語言」。要仔細探尋模式。
2. **傾聽他們最常抱怨何事：**別人讓他們最感困擾的事，就是重要線索。如果他們說：「我先生出門度假，卻沒帶任何東西回來給我」，或者，如果每次收到禮物時，他們眼睛為之一亮，那麼他們主要的「愛的語言」可能就是收到禮物。
3. **注意他們的請求：**傾聽他們對你要求何事。透過小小的暗示，人們通常會洩露他們的「愛的語言」，比方說「你出差回家後，給我一份驚喜吧」、「給我一個擁抱」、「我在跟你說話，請關掉電視」等。

在某種程度上，我認為我們全都喜歡收到禮物、親切的行為、肯定的言詞。但是如果肯定句並非你的主要語言，就不會深刻註記成為你的主要語言。因此，對於所有這些事，你必須實驗看看何者管用。

堅持，直到做對為止

哈維爾．漢瑞克斯博士（Dr. Harville Hendricks）是《得到你想要的愛》（*Getting the Love You Want*）這本書的合著者。有一次，我與他舉辦一場伴侶關係研討會。當時他說了一個故事，是有關他確切學會了自己的妻子想聽到別人怎麼說，她才會覺得被愛與受到賞識。由於她總是給人花朵當作獎賞禮物，他猜想這也正是她想要的東西。於是某一天，他請人送她一打玫瑰花。那時他下班回家，期待獲得他所謂的獎勵，也就是來自他妻子所說的一句大聲又親切的「謝謝你」。

他一走進家門，她連提都不提半句話。他問她是否收到玫瑰花，她說「收到了」。他問：「你不喜歡嗎？」

「沒有特別喜歡。」

「我不懂。你總是送花給人，我認為你喜歡花朵。」

「真的沒有那麼喜歡。」

「那麼，你喜歡收到什麼東西？」

她回答：「卡片。」

他想：「好吧！」於是在隔天，他前往卡片商店，為她買一張超大型的史努比卡片，裡面寫著搞笑的題辭。然後，他把卡片放在她平日肉眼所及之處。那天晚上，他回到家，再度期待得到獎勵。

沒有獎勵。他好失望，問：「你有看到卡片嗎？」

「看到了。」

「你不喜歡？」

「沒有真的很喜歡。」

「好吧，為什麼不喜歡？我以為你喜歡收到卡片。」

「我喜歡，可是我不喜歡搞笑卡片。我喜歡的卡片是在藝術博物館買得到的那種卡片，正面有美麗的藝術作品，然後裡面有相當甜蜜浪漫的留言。」

他想：「好吧！」

隔天，他到大都會藝術博物館，買了一張美麗的卡片，然後在裡面寫下甜蜜浪漫的題辭。接下來那一天，他把卡片放在妻子能見之處。他下班回家時，她親自到門口迎接他，親吻他而使他差點透不過氣來，並且很感謝收到這張完美的卡片。

出於承諾，他要確保妻子知道他很愛她，而他終於找到完美的媒介來傳達訊息。

與高頻共振的賞識狀態

要儘量經常處於賞識狀態，另一項重要理由是：在你身處賞識狀態時，這有可能是最高等的其中一項振動（情緒）狀態。一旦你處於賞識和感激的狀態，你是處於「豐盛」的狀態。你是在欣賞自己確實擁有的事物，而非把焦點放在抱怨你沒有的東西。你的焦點是放在你已經獲得的東西，而你總是獲得越多你專注其上的事情。吸引力法則述說「相似的能量會吸引類似的能量」（物以類聚），因此你將為自己吸引更多豐盛，對自己更加感恩。這會變成一種不斷增加豐盛的向上螺旋過程，只會繼續越來越好。

想想看，我們給人禮物，對方越是覺得感恩，我們就會更想給對方越多禮物。他們的感激和賞識強化了我們的付出。在普世皆準的層級和精神層面上，同樣的道理實為真確，而在人際關係方面也是如此。

養成為實識記分的好習慣

我一開始學會賞識的力量，覺得完全合情合理。然而，我還是經常忘記這樣做。我以前尚未養成這種習慣，直到我運用某項寶貴技巧，幫助自己鎖定這項新習慣。我在口袋裡放了一張三乘五吋的卡片一整天。每次我認同並賞識某人，我會在卡片上打勾。除非我已經賞識十個人，否則我不容許自己準備入睡。如果時間太晚，而我還沒打勾十次，那麼我就會感激我的妻子和子女。我會發電子郵件給幾位職員，或是寫信給我母親或繼父。我不惜一切代價去做，直到這變成一種下意識的習慣為止。我每天都這樣做，長達六個月，直到我不再需要攜帶卡片提醒自己為止。

運用現今的科技，你也可以在手機或電腦行事曆建立提醒，任何能夠使你保持正軌的事情皆可。

也要花時間賞識自己

大衛．卡斯蒂芬斯（David Casstevens）以前受僱於《達拉斯晨報》（*Dallas Morning*

News）。他說過法蘭克・希曼斯基（Frank Szymanski）的故事。一九四〇年代，法蘭克是聖母大學美式足球隊中鋒。有一次，他被傳喚，前往印第安納州南本德市（South Bend），擔任某件民事訴訟的證人。

法官問他：「你今年還在聖母大學美式足球隊，對吧？」

他回答：「對，法官大人。」

「什麼位置？」

「中鋒，法官大人。」

「中鋒有多優秀？」

希曼斯基在椅子上扭來扭去，但是堅定的說：「庭上，我是聖母大學有史以來最棒的中鋒。」

教練法蘭克・萊希（Frank Leahy）當時也在法庭，感到非常驚訝。希曼斯基一向謙遜，不愛出風頭。所以在訴訟程序結束後，他把希曼斯基拉到一旁，問希曼斯基為何要做這樣的陳述。希曼斯基臉紅了。

他回答：「我也不想這樣做。但我畢竟發過誓了，就要說真話。」

在各位的餘生裡，我要各位發誓，認為自己是極好的存在，擁有正面特質，擁有那些已經達成的精采成就。

54 說話要算話

「你的人生與你信守協議的程度成正比。」

——華納．愛哈德，「EST訓練」暨「標竿論壇」創始人

「絕不承諾你能力可行範圍以外的事。」

——普布里利亞．西魯斯（Publilius Syrus），西元前一世紀的拉丁箴言作家

「說話要算話」，這是約定俗成的道理。就算沒有太多鼓吹，制定協議就必須遵守。在答應任何事之前，人們會仔細思考自己能否實現諾言，這點就是這麼重要。可是現今，要某人信守協定，卻變成碰運氣的事情。

不守信，代價昂貴

在我的研討會裡，我要求參與者協定一份「十五項基本規則」清單，所列的事情包括準時、每次休息時間結束後坐在不同位置、直到培訓結束後才可喝酒精飲料。如果他們不同意按照這些基本規則來玩，我就不允許他們接受訓練。我甚至請他們在手冊中簽署一張表單，上面寫著：「我同意遵守所有這些指導原則和基本規則。」

在第三天早上，我請打破其中某項基本規則的人站起來。然後，我們看看可以從這項經驗學到什麼事。很顯然，我們如此隨意給予承諾，卻又如此隨意棄守承諾。

但甚至更饒富意味的是，大多數人在同意這些指導原則之前，就知道自己即將打破至少其中一項準則。然而不管怎樣，他們還是同意這些規定。為什麼？因為質疑與挑戰規則，或要求成為規則中的例外使人不舒服，大多數人避之唯恐不及。他們不想成為注意力焦點，不願意承擔任何種類的衝突對峙。其他人想要接受訓練，卻不確實循理提出質疑或要求成為規則中的例外，於是他們貌似同意，卻沒有意圖貫徹到底。

真正的問題不在於人們這麼輕易給予承諾又打破承諾，問題在於：他們並未明瞭這樣做的心理代價。

一旦你不信守協議，你內外都會付出代價。你喪失別人對你的信賴、尊敬、可靠性，而這些人是你的家人、朋友、同事、客戶。而你自己的人生一團糟，那些仰賴你完成事情的人也會生活一團糟。不論是等你準時出現來去看電影、準時提出某份報告、交付所需物件給某位客戶或清理車庫，皆是如此。

你答應週末帶小孩到公園玩，可是你卻沒貫徹承諾，幾星期後，小孩就不再相信你會說話算話。他們明瞭自己無法指望你。你失去了自己對他們的威信，關係惡化。相同事情也會發生在商業界。

每個承諾都是跟自己的約定

更重要的是，你立下的每項協議到最後都是與你自己做出協定。就算你是在與其他人訂定協議，你的腦袋聽聞此事，並且意識到這是一種承諾，你也就是在與自己立下協議，要去做某件事。**一旦你沒有貫徹到底，你學會不信任自己，結果變成喪失自尊、自重、自信。**你對自己的奏效能力失去信心，並且削弱自己的誠信正直感。

假設你告訴配偶，你打算在早上六點半起床，然後在上班之前做一些運動。可是你每次都按掉鬧鐘的貪睡按鈕，三天後，你的大腦知道最好別信任你。當然，你可能認為晚一點起床沒什麼大不了，但是對你的潛意識來說，這可是非常大的事情。每當你不去做自己說要做的事，就會產生困惑與自我懷疑。你漸漸破壞自己的力量感，到最後非常不值得。

你的誠信價值連城

一旦明瞭你的正直誠信和自尊確實有多麼重要，你就不會為了擺脫背上芒刺而隨意立下承諾。你不會出賣自尊，就只為了一點點的金錢讚許。你不會訂定自己無意信守的協議。你所做的協定會越來越少，而你將不計一切代價來遵守協定。

在我的研討會裡，為了闡明這項道理，我問參與者：「如果你知道，只要你能堅持到研討會結束，而且沒有打破任何一條基本規則，你就能獲得一百萬美元，你是否願意這樣做？」大多數人說他們願意。

但通常還是會有個頑固分子說：「辦不到。我就是做不到。今天早上，我來研討會的途中遇到塞車，這不是我的責任。」或「萬一我的接駁車太晚過來接我，我怎有辦法準時到達？」

然後我問：「要是你不遵守這場訓練的所有基本規則，你在世界上最愛的人就會死，那麼你會怎樣？屆時你是否願意做出不同的舉動？」

現在，那個說塞車害他遲到的人終於懂了，然後承認：「噢，沒錯。如果我兒子命在旦夕，我連離開這個會議室都不肯。我寧可睡在會議室地板，而不是冒險遲到。」

一旦明瞭遵守諾言有多麼重要，你就領悟到自己有能力去做。這純粹攸關是否明瞭說話不算話的代價。若你想要加強自尊、自信、自重、個人力量、頭腦清晰度、精力，那麼你就會更加看重遵守諾言。如果你想要別人對你的尊重和信賴，而這些對於實現人生大事和重要之事都很至關緊要（賺到一百萬美元也包括在內），那麼你就會更加嚴肅看待信守協議。

不亂給承諾又能守信的訣竅

以下是某些訣竅，助你不要亂定協議，並且信守你所做的承諾。

1. **僅訂定你意圖遵守的協議**：立下協議前，請花幾秒鐘時間，看看這項協議是否真正是你想做的事。請與自己的情況詳加核對。你的身體對這件事有何反應？不要只因為你尋求某人讚許就立下協議。如果你這樣做，你將發現自己竟然打破承諾，最後失去對方的讚許。

2. **寫下所有你做的協議**：使用行事曆、日誌、筆記本、手機、平板或電腦，記錄你所有的協議。在一星期的過程中，你可能締結幾十個協議。我們無法信守協議，其中某項最大原因是：每項活動給予的日常壓力，讓我們忘記了自己訂定過許多協議。請寫下這些協議，然後每天檢視你的清單。如我先前所述，某項新的腦科研究結果發現，萬一我們沒把某件事寫下來，或是不做努力把它儲存於長期記憶裡，這項記憶在至少三十七秒內就會消散。你或許有宏大的意圖，但如果你忘了做到答應要做的事，結果會等於你選擇不信守協議。

3. **若無法遵守協議，在最初的適當時機，就要告知對方**：只要你知道自己即將無法遵守協議，比如說你的車子無法發動、遇到塞車、小孩生病了、保母無法前來、電腦當機，請盡快通知對方，然後重新協商這份協議。這顯示你很尊重別人的時間及其需求，給對方時間重新排程、重新規劃、做出其他安排，並且限縮任何潛在損害。如果事情發生後才會出現最初的適當時機，請依然要讓對方知道你沒有遵守協議，需要清理哪些後果，以及是否要重新完成這份協議。

4. **要更常說「不」**：訂定任何新的協議之前，給自己時間再三思考。在我所有行事曆頁面上，我會使用黃色螢光筆寫下一個「不」字，當作提醒自我的方式，進而確實考慮我將可能因此放棄哪些事，或者假如我對新事物說「好」，我將忽視哪些事。我藉此暫停一下。在我添加另一項協議到我人生之前，我會先深思熟慮，想想現在要怎麼做。

人際關係的遊戲規則

馬修・托波創辦「金錢與你」（Money and You）培訓課程，現在的經營者是DC卡多瓦（DC Cordova）。這是我參加過最強效的訓練課程，急遽改變我怎麼看待金錢、事業、人際關係。

你想達成的一切，皆須人際關係，你與朋友、家人、全體職員、廠商、教練、上司、董事會、客戶、顧客、夥伴、共事的人、學生、教師、觀眾、粉絲和其他人等的關係。至於工作上的這些關係，你必須建立我朋友約翰・亞薩拉夫所謂的「約定規則」（the rules of engagement），也就是馬修・托波、DC卡多瓦與「美國BSE企業家商學院」（Excellerated Business Schools）其他人所說的「遊戲規則」（the rules of the game）。

我們要如何一起玩這場遊戲？這些人際關係的基本規則和指導原則會是什麼？馬修教我們下列指導原則，自從那時起，我一直致力遵守到現在。如果你和你所互動的所有人皆同意下列規則，你的成功程度將會飛黃騰達。

1. 樂意支持我們的目的、價值觀、規則、目標。
2. 要以良好目的說話。如果沒有符合目的，千萬別說出口。別讓人覺得自己犯了錯、在找藉口合理化一切或提出辯護。
3. 如果你不同意或不了解，請提出問題澄清。別讓另一人覺得犯了錯。
4. 僅做出你願意且意圖信守的協議。
5. 如果無法信守協議，要盡快實際跟適當人選溝通。在最初的適當時機，就要整頓任何已經無法遵守的協議。
6. 遇到事情行不通，請先尋求體制進行矯正，然後提出一個基於體制的解決方案，交給那位可以為此做點事的人。
7. 要負起責任。不要歸咎他人，不要辯解，不要找藉口合理化，不要覺得羞恥。

如果不提早，就會遲到

在我們的文化裡，「準時」是其中一項不言而喻的協定。這是在表達尊重。由於遲到，太多人因此喪失可靠性、信賴、交易、事業、工作、金錢，甚至人際關係。

安東尼．波登（Anthony Bourdain）是知名廚師，他主持CNN的《波登闖異地》（*Anthony Bourdain: Parts Unknown*），著有《安東尼．波登之廚房機密檔案》（*Kitchen Confidential*）*。他以前結識某位導師，那位導師被稱作「大腳怪」，是個不好惹的惡霸、虐待狂，他愛搬弄是非又很嚴格、。這位導師在自己的廚房立下規則：值班時，請提前十五分鐘到來。第一次，安東尼只提早十四分鐘到場，導師提出忠告，下一次若再發生此事，就會請安東尼回家，不要來值班。而且如果之後還再這樣，他就會被開除。安東尼自此對於任何工作從未遲到，而他也在自己的傳奇廚房建立相同政策。

切記：**如果不提早，就會遲到**。所以，務必規劃充裕的時間，包括準備、出發、行進至各式各樣預約會面、協議場合、會議、工作地等。準時是其中一項最重要的習慣；若要成功，就要培養準時習慣。

---

* 英國倫敦布魯姆斯伯里出版社（Bloomsbury Publishing），二〇〇〇年；修訂本，美國紐約埃科出版社（Ecco），二〇〇七年。

預立後果，強迫自己兌現

關於維持你對自己的承諾，如果你確實想加碼提出要求，可使用馬丁．呂特（Martin Rutte）教我的這項技巧，也就是「預立後果」，比方說，失約就要開具一張大額支票給你不喜歡的人或組織，或必須理光頭。萬一你沒信守諾言，這些後果會比你原本所得回報還要嚴重，就像你無法因為不冒險而享受安逸。只要你沒有貫徹這項承諾，就非得交出這些後果，而代價將會太過高昂。

馬丁使用這項技巧，激勵自己貫徹承諾，學會如何從跳水台往下跳水。為了確保他不會食言，他向朋友宣稱，如果截至某日之前，他還沒學會跳水，他就會開立一張一千美元支票給三K黨。由於馬丁是猶太人，這種做法比鼓起勇氣正視跳水恐懼還要更痛苦。於是，就當作是自己面臨挑戰好了，馬丁學會如何跳水。

你人生有哪些事如此重要，以致於你不想讓自己出局？請公開提出「後果宣言」，而這項後果要是讓你痛苦到不想成真的事，那麼你就會使用這種力量，激勵自己採取想要的行動；別再只是拖延下去，坐而言不如起而行。

55 成為氣宇軒昂的人才

「在每個社會裡，都有所謂的『人類標竿』，也就是某些人的行為變成別人的典範，是閃閃發亮的實例，受人欽佩與效法。我們稱這些人是『氣宇軒昂的人才』。」

——丹．沙利文，策略教練公司創辦人暨董事長

我已經提過我的朋友暨同事丹．沙利文，他是「策略教練課程」的創始人。他曾經輔導某個團體，目標是使高成就人士每年賺到一百萬美元以上。我賺到這麼多錢的次數很多，多到習以為常，雖然如此，我依然尋求丹．沙利文這種等級的教練，幫助我微調自己的成功技能。於是我參加了丹在芝加哥舉辦的教練小組。

我參加這項課程時，丹教導我某項成功準則，這準則對於我認識的眾多主管都非常有效，我也很訝異我居然沒有早一點認識這項準則，這應該是我們要一同精熟的重要準則。

簡單來說，就是「要當氣宇軒昂的人才」。

就是這樣。要努力成為那樣的人，舉止優雅，風度翩翩，成為氣宇軒昂的人，以此聞名，並且吸引其他人，讓人對他的影響力範圍欽佩得沒話說。

可惜的是，現今社會已不像以前那樣，周遭看似少有這類氣宇軒昂的人才。我想，美國電影演員吉米・史都華（Jimmy Stewart）和保羅・紐曼（Paul Newman）都是氣宇軒昂的人，大家會同意這一點。湯姆・漢克斯（Tom Hanks）也很氣宇軒昂。凱特・米德爾頓（Kate Middleton）、劍橋公爵夫人（Duchess of Cambridge）和瑪麗亞・施賴弗（Maria Shriver）也是氣宇軒昂的人。丹佐・華盛頓（Denzel Washington）與葛斯・布魯克（Garth Brooks）也是。美國民權運動領袖馬丁・路德・金恩的遺孀科麗塔・史考特・金恩（Coretta Scott King）以及前南非總統尼爾森・曼德拉（Nelson Mandela）兩者也是氣宇軒昂的人物。西南航空公司前任首席執行長赫伯・凱勒（Herb Kelleher）也是傳奇領導人。

可是在這世界上，大多數人渾渾噩噩過日子，沒什麼特別之處，你要如何鶴立雞群，使自己成為氣宇軒昂的人才？答案是：你必須有意識努力去做。盡力讓自己戒除諸多恐懼和焦慮，因為恐懼和焦慮貶損了大多數人的想像力和野心；相反地，你要跳脫常規世界，進入自己不斷擴張覺察、創造力和成就的世界。我要推薦丹・沙利文的「氣宇軒昂行為典範」（model of class act behavior），當作一種導引，升級你自身的思考和行為。*

- **恪遵自己的最高標準：**氣宇軒昂的人會建立個人的思考行為標準，這些標準遠比世俗社會的標準更加嚴格苛求，他們能藉此解放自我。這些標準是經過他們有意識的選擇、建立、應用。
- **面對壓力，依然保持尊嚴和優雅：**有三種方法可以做到：(1)面臨混亂，維持泰然自若；(2)保持冷靜沉著，散發勇氣，你的冷靜態度能帶給別人希望，讓他們相信境況將會全面轉好；(3)培養並表達「勢在必得」的特質。在二十世紀，溫斯頓．邱吉爾堪稱是此類氣宇軒昂人格特徵最偉大的表率。在第二次世界大戰期間，他幾乎單槍匹馬，挽救了西方文明，免於淪入納粹德軍之手。他有能力冷靜沉著，顯露自信，領導力膽大無畏，聚焦於解決英國人與美國人的問題。
- **聚焦並改善其他人的行為：**由於氣宇軒昂的人是優良角色模範，他們身邊的人會隨之開始思考和行動，其程度不但使自己大感訝異，也讓別人驚訝。賴瑞．柏德（Larry Bird）是這個第三項氣宇軒昂特徵的最佳典範。他是偉大的全明星，是美國籃球名人堂的籃球選手，為波士頓塞爾提克隊（Boston Celtics）獲得三次冠軍。就個人而言，

＊此處改編自丹．沙利文的著作，他是策略教練公司的創辦人。我強烈鼓勵各位參加他的教練課程，看看他的書和光碟。可至以下網站獲得更多資訊 www.TheSuccessPrinciples.com/resources。

這些隊上的其他選手曾說，他們能夠展現這麼高層次的比賽，都是因為賴瑞・柏德足堪表率，很有領導力。

- **從較大的包容觀點待人處事**：由於氣宇軒昂的人物時常探索自己的人性，對於別人的人性，他們有著更深的理解和惻隱之心。他們覺得與他人有著密不可分的連結，對於別人的失敗也富有同情心，而在衝突之中，也能謙恭有禮。
- **擴增每項經驗的品質**：氣宇軒昂的人神智清醒，知道自己在做什麼行動，因此他們有能力，將那些看似微不足道的狀況轉化為愉快、有意義又難忘的事情。他們是創作者，而非僅是消費者。他們為每次的經驗導入更卓越的美麗、重要的意義、獨特性和刺激，持續豐富他人的生活。麗思卡爾頓酒店（Ritz Carlton）或四季酒店（Four Seasons Hotel）使人有賓至如歸的享受，正是此項特徵的優良典範。
- **抵消卑鄙、小氣、粗俗**：這項特徵的標誌是禮貌、尊重、賞識、感恩、慷慨的精神。在這項特徵的模範中，我最愛的一位是帕特・萊利（Pat Riley），他是洛杉磯湖人隊（Los Angeles Lakers）和紐約尼克斯隊（New York Knicks）的前任教練，目前擔任邁阿密熱火隊（Miami Heat）總裁。在我心裡，他面對球場上的勝負，總是一派優雅，就是這樣使他成為氣宇軒昂的人物。當年，帕特在ＮＢＡ擔任邁阿密熱火隊教練，該隊與紐約尼克斯隊進入最後決賽階段。他邀請對方全隊成員及其教練到他家裡，舉辦一場烤肉大會，並且親自跟每位球員說話，恭賀所有人完成絕讚季賽，祝福他們有最佳表現。雖然帕特大可爭強好勝又攻擊挑釁，但他的作風反其道而行，轉而抬舉並認同別人。這就是氣宇軒昂的人。

- **對行對和結果負起責任**：其他人隱匿不說，氣宇軒昂的人卻負起責任加以說明。他們說出自己的失敗真相，還把落敗轉化為進步。
- **鞏固所有狀況的完整性**：氣宇軒昂的人總是建立並達成更大的目標，而這些目標需要他們持續不斷成長和發展，以及為這個世界添加日益增長的價值。
- **拓展「身而為人」的意義**：氣宇軒昂的人以獨一無二的方式接納所有人，這也包括他們自己，他們會持續找出新方法，讓自己與別人的生活更好。他們把自己推向極限，也會為別人做同樣的事；在家裡、職場、整個世界，他們也給予別人新的自由，使對方表達獨特性。
- **增進其他人的自信和才能**：氣宇軒昂的人是能量創造者，而非能量耗竭者。氣宇軒昂的人有意識的選擇自己的主導念頭和理想，並且創造架構，用來佐助實現自己的抱負和能力，藉此建立本身的自信。這些新的架構也創造出安全又有啟發性的環境，激發更大的創造力、合作性、進步與成長，並藉此支持他人充分表達自我。

丹給我上述這份清單，教導我「成為氣宇軒昂的人」的真正意義。但更重要的是，他還教我「受人認定為氣宇軒昂的人」有哪些益處。

言行一致，讓人覺得特別，值得信賴

約翰．伍登（John Wooden）以前是加州大學洛杉磯分校籃球隊的偉大教練，曾在十二年的期間裡，贏得十次國家大學體育協會（NCAA）冠軍賽。每當人們談起他，大家都同意他是氣宇軒昂的人。約翰．伍登成為人盡皆知的非凡人物，坦白說是因為他始終言行一致。他花時間認同他人，而他的為人總是著眼於改善並拓展這個世界。他向人傳達：「你很特別，值得信賴。」

對任何教練來說，進行最終刪減，也就是決定誰可以成為比賽隊員或誰不能上場比賽，是教練工作中最艱難的一項。大多數教練只會在布告欄張貼公告，列出獲選上場比賽的隊員。隊員要不是成功參賽，就是被淘汰。但是伍登展現他對所有人的深刻尊重與關愛，他的做法大不相同。與其只是在牆上貼出姓名清單，伍登教練坐下來與每位球員好好談談，一次一個，告訴他們，依他之見，若他們改為從事加州大學洛杉磯分校其他種類運動，可能會成功。他與這些人分享自己見到對方有何長處，討論他們的弱點，並且根據他們的長處，辨識他們能做什麼，以便改善他們的運動員生涯。他花時間認可對方長處，提振對方的自尊，讓有潛力的運動員繼續受到激勵和鼓舞，而非使他們覺得情緒受挫。

一旦你決定活出更高的標準，你會開始看到別人熱情的回應你。不久之後，你將注意到這引起的效應。別人會說：「哇，我想跟這個人交朋友，想跟他有業務往來，跟他有所關聯。」

容易吸引頂尖人物

事實上，成為氣宇軒昂的人，其中某項重大好處是：大家想與你做生意，或是想加入你的影響力範圍。他們把你視為成功的人，也是一個能夠擴展他們自己可能性的人。你的言行很有責任感、正直誠信、泰然自若，值得他們信賴。

或許這也就是為什麼，若要找出氣宇軒昂的人，最簡單的方式就是探尋氣宇軒昂人物吸引而來的人。看看那些與他們一起做生意的人、他們與之往來的人。氣宇軒昂的人容易吸引自己遊戲圈裡的頂尖人物。

你最近是否曾經細看自己的朋友、同事、夥伴、客戶、聯絡人？他們是氣宇軒昂的人嗎？如果不是，請思量將這樣的差異當作一面鏡子，看它是如何反映出你自己的狀態。現在就下決心，重新形塑自我，成為氣宇軒昂的人，然後看看你開始吸引什麼樣的人。不必做太多事情，但是務必做得更好。提升你的態度品質，並且改變你的行為，以求更加精進。

舉個例子，我們注意到辦公室正在使用拋棄式紙杯，於是我們轉而使用玻璃杯，改善辦公室環境品質。這也是在傳達訊息給我們的員工、客戶和來賓，說我們把他們看得很重要。

同樣地，我妻子與我以前習慣一年舉辦好幾場派對，坦白說，並非每場都那麼精采絕倫。現在，我們每年只舉辦一兩個大型派對，但是我們把派對做成像是一場活動，人人難以忘懷。在優雅的環境裡，大家享用美味佳餚，現場還有一大群有趣的重要賓客，以及不少娛樂表演。人人覺得備受禮遇、尊崇、細心照顧、受到喜愛。

這不是在說，我們絕不在戶外池子旁邊與至親好友吃披薩配啤酒，但是就商業面與我們較大型的社交圈而言，我們繼續努力成為氣宇軒昂的人。

在過去幾年來，我們已經開始舉辦為期四天的高端奢華靜修，僅限二十四人參加，而他們想將自己的生命、職涯和事業提升至更高層次。我們會在私人別墅與五星級飯店舉辦，地點是有異國風情的度假勝地，像是茂宜島（Maui）、峇里島（Bali）、杜拜（Dubai）、佛羅倫斯（Florence）等地。偶爾也會在我位於聖塔芭芭拉市的房產內舉行。世界一流的廚師準備美酒佳餚，由我們為各位奉上。第一天晚上，我們會送特別的禮物來接待大家。我們會帶大家來一趟短程旅行，例如：在茂宜島坐船看夕陽；在聖塔芭芭拉市的私人海灘俱樂部舉辦雞尾酒會；在佛羅倫斯和杜拜的五星級飯店品嘗美酒或享用戶外野宴。除了提供突破訓練經驗，我們儘量做好一切，也讓這種經驗成為非凡的個人體驗。

善待自己，也善待他人

當然，你自己才是那個首要人物，

應當受到尊嚴、尊重和自尊的待遇。我的朋友馬丁．呂特（Martin Rutte）是氣宇軒昂的人。他總是穿著得體、吃相端莊，為人處世無論何時皆具優雅與風格。此外，他以愛、尊嚴和尊重，對待他身邊的每個人。因此他成為榜樣，教導身邊的每個人也要善待他，只因為他是以這樣的體貼與關懷來對待自己和他人。

如果你草率馬虎、總是遲到，也不在意自己如何為人處世，你遇到的人也會以草率、總是遲到、毫不在意的態度來對待你。

每當我知道馬丁要前來做客，我第一個反應就是確認我們有一瓶美酒、新鮮魚肉、幾道簡單卻較優質的菜餚，還有新鮮的覆盆子點心，因為這些正是馬丁「訓練」我如何對待他。

如果某一州的州長、教皇或達賴喇嘛要來拜訪你家，你難道不會請人打掃房子一星期？難道不會買最棒的食物？那麼，為何不這樣對待你自己？你就跟這些人一樣很重要！

這基本的概要是：**某些人值得某種程度的尊重，不只是因為他們如何對待別人，更重要的是因為他們如何看待自我**。一旦你建立較高水準的個人標準，身邊的人不但對你更加禮遇，並且在突然間，你也開始吸引相同高層次標準的人。你會受邀前往那些標準所在之處。你會享受那些上流階級人士享受的活動。這一切關鍵全在變成氣宇軒昂的人物。

第**5**章

成功與財富

「有一門科學可以致富，屬於精密科學，類似代數或算數。某些守則主宰著致富的流程。只要學會這些守則並恪加遵守，誰都得以致富。」

——華勒思．華特斯（Wallace D. Wattles），

《失落的致富祕密》（*The Science of Getting Rich*）作者

56 建立正向的金錢意識

「財富蘊含著祕密心理學。多數人並不知情，所以根本無法做到成功致富。問題不在於缺錢；那只是心態的一種表徵。」

——T．哈福．艾克

如同貫穿這本書的宗旨一樣，財務成功的起點也在於想法。你必須先決定自己想要什麼，再來就要相信達成目標並非奢望，是你應得的。然後，你必須鎖定這項目標，努力思考和想像那已是你的囊中之物。最後，你要願意付出達成這項目標的代價——這需要長時間高度自律的努力和毅力。

但多數人連累積財富的第一階段都還沒達到，通常他們囿於自己的金錢觀，也質疑自己是否有資格做到財務成功。

找出你對金錢的自我枷鎖

想要變有錢，就要揪出所有負面的金錢觀或自我枷鎖，然後加以根除和淘汰。聽來也許很怪，但大家對財富可能早有負面偏見，我們的潛意識常深埋著自我枷鎖，而這些枷鎖早在童年就形成了。也許你年少時聽過這種話：

錢不會從樹上長出來。
錢到用時方恨少。
希望家財萬貫是自私的想法。
要有錢才能錢滾錢。
富者越富，窮者越窮。
想致富就要努力工作。
錢是萬惡之源。
富翁必定邪惡、自私、不道德。
富翁生性貪婪又不誠實。
錢買不到幸福。

錢越多，問題越多。

富翁必定不高尚。

這些源自幼兒時期的訊息，其實會破壞並減弱你日後的財務成功，原因在於這些訊息會與潛意識產生共鳴，抵消你的致富動機。

在小時候和青少年時期，父母、祖父母、老師、宗教領袖、朋友和同事，教過你什麼金錢觀？

我父親告訴我，有錢人是靠著剝削勞工階級才得以致富。他反覆告訴我，他沒有錢，錢不會從樹上長出來，而且金錢得來不易。有一年聖誕節，父親決定販賣聖誕樹。他租了一塊空地，從感恩節到平安夜每晚努力工作。歷經一個月辛勞，才勉強收支平衡。我們全家都深信，不管多努力工作都無法出人頭地。

財富帶來痛苦和不幸

我們也可能做出許多自我設限的決定，阻礙自己賺取或享受那些你有資格得到或想要的財富。例如：

安妮（Anne）參加我在澳洲舉辦的研討會時已經三十多歲，她繼承大筆財富，對此卻深感厭惡。她覺得自己有錢是很可恥的事，所以努力把錢藏起來，不肯花掉。當研討會討論到財富時，她開始大叫，說金錢毀了她的家庭。父親賺很多錢，卻成天不在家。他不是在拚命工作賺錢，就是在全球各地拚命花錢，母親因此酗酒，讓家裡總充滿吵架聲和尖叫聲。想當然爾，安妮的童年過得很悲慘，但她不覺得父親的貪婪和工作欲才是讓她痛苦的真正凶手，反而從童年起便認定財富是罪魁禍首。在童年情緒極度不穩時做的判斷，往往更堅定，而且實際上，還會越來越根深蒂固，安妮抱持負面的金錢觀二十多年。

不能賺得比我爸還多

德州達拉斯市艾帝生（ID Life）企業訓練主管史考特・席林（Scott Schilling）參加了我的自我枷鎖尋找破除研討會。

我在帶領學員深入探索可能讓他們深陷財務泥淖的自我枷鎖時，史考特想起他十八歲的某一天，那時他當壽險業務員才剛滿一個月，拿到一張一千八百五十六美元的佣金支票。他父親四十六歲，在同一家保險公司工作，再做一個月就退休了，那天他收到的個人薪資支票為一千三百六十美元。

史考特：「我拿支票給我爸看時，他一言不發，但臉上的表情寫著他受到多大的傷害。我想：『我怎能這樣對我爸？怎能讓這個偉大又高貴的人質疑他自己和他的自我價值？』」

史考特那天下意識決定不能賺得比父親還多，他怕父親就像二十五年前那樣，看起來羞恥又尷尬。但是史考特在研討會公布這項決定之後，不到一個月他就告訴我，他收到一份為期一週的銷售訓練合約，酬勞等於他前一年總薪資的五分之一。

史考特自此成為多家公司的全國銷售總監，其中一家公司透過平台締造近兩千五百萬美元的銷售額；他為另一家公司開發訓練計畫，使銷售額在五年半內自八百萬美元飆高到一億美元。

致富違反家規

我來自勞工階級家庭。父親是一名花匠，為「富人」工作。不知為何，富人不堪信任。他們欺壓弱小，利用一般工人。致富就代表我會變成我家和勞工階級的叛徒。我不想變「壞人」。

致富成為負擔

湯姆．博耶（Tom Boyer）是一名企業顧問，他覺得自己的收入到了撞牆期。在我的好友兼教練蓋伊．漢德瑞克的大力協助下，他發現自己童年做的一項決定變為了成功的障礙：湯姆生長在俄亥俄州的一個中產階級家庭。雖然他們衣食無缺，但父親在經濟上做出許多犧牲，讓湯姆追求演奏單簧管的夢想。

湯姆一開始吹的是父親的老舊金屬單簧管，但很快就進階到使用勒布朗（Leblanc）單簧管，這是很普遍的木製樂器。當他逐漸嶄露頭角時，他的單簧管老師齊林斯基太太（Mrs. Zielinski）對湯姆的爸媽說：「你們的兒子很有天分，該用頂級樂器才對。最好選一支比費牌（Buffet）單簧管。」一九六四年，一根比費牌單簧管要價三百美元，相當於現在的一千五百美元。儘管湯姆的家人覺得這是一筆大數目，但還是同意請齊林斯基太太挑一支單簧管，做為湯姆的聖誕禮物。

聖誕節早上，湯姆下樓撕開包裝紙，打開盒子，看見那支美麗的單簧管。它裝在華麗的藍天鵝絨盒子裡，擁有拋光過的非洲黑木管身和閃亮的銀色音鍵。這是他見過最美的東西。但是湯姆還沒來得及轉身向爸媽道謝，媽媽就說：「要是你妹還活著，我們絕對負擔不起。」（湯姆的妹妹凱蘿在他七歲時意外死於腦炎。）

就在那一刻，湯姆潛意識深信，自己越成功，愛他的人承受的負擔就越大。這不僅僅是經濟的負擔，還包括情感的負累。

在蓋伊．漢德瑞克的幫助下，湯姆發現這種潛意識的信念是一種絆腳石，讓他即便再刻意努力也達不到理想的成就。他深信自己犯下拖累他人的罪，他要懲罰自己，不許自己獲得應有的成就。

「你銀行帳戶的現有餘額是你過往觀點的鐵證。如果真心希望改善你在現實世界的成就，就要改變你的思維，一定要馬上改變。」

——包柏．普克特

解開自我枷鎖的三大步驟

想改變童年的枷鎖，可以採用簡單又有效的三大步驟，以更積極有力的信念解開你的自我枷鎖。雖然一個人也可以做這個練習，但與夥伴或小組一起做通常效果更好，而且一定也更好玩！

1. **寫下你的自我枷鎖**。

金錢是萬惡之源。

2. **挑戰、取笑和駁斥自我枷鎖**。建議進行腦力激盪，列出能挑戰舊信念的新信念。列出的信念越離譜、越有趣，意識轉變就越徹底。

財富是所有善行之根源。

財富是美好假期的根源！

對邪惡的人來說，財富是萬惡之源，但我這麼有愛心，為人慷慨，有同情心，個性又善良，我一定會善用財富，創造更美好的世界。

你甚至可以把新的金錢觀寫在三乘五吋的索引卡上，再加到你的心靈宣言中，每天以熱誠和熱情的語氣大聲念出來。每天有紀律地這麼做，對打造財富成功大有助益。

3. **想一句正面的改造聲明**。打造與原生信念相反的新聲明。說出這句「改造聲明」時，要讓這股愉悅感充滿全身。想出新聲明之後，在房裡一邊走動一邊以充滿活力和熱情的語調大聲重複念出它。每天重複說出這句新信念幾次，至少執行三十天，這樣絕對徹底內化到心裡*。試試這一句：

我覺得財富是愛、快樂和善行的根源。

千萬記住：財務成功的概念絕不會自然形成！一定要持續把打造順利事業的「思維形態」塞進腦子裡。每天都要抽空專心想著事業順利和財務成功的畫面。只要刻意專心思考這些想法和畫面，它們最後一定能解開你的自我枷鎖，開始主宰你的思維。如果想加速達成財務目標，就要每天練習說正面的財富宣言。以下是我使用的方法，成效頗佳：

- 上帝使我不虞匱乏。財源滾滾而來，是為了讓眾人享有至善。
- 我現有的財富超過我的需要，我可以做所有我想做的事。
- 財富以許多意想不到的方式降臨到我身上。
- 我正針對處理財富的方法做出正面的選擇。
- 不管我是在工作、玩樂或睡覺，我的收入每天都在增加。
- 我的投資全都有獲利。
- 大家喜歡花錢請我做我最愛做的事。

請記住：只要重複充滿正面期望的思維，並強烈感受自己早已達成這些目標，就能將任何概念植入潛意識。

運用釋放的力量，打造富豪思維

每次執行財富宣言（甚至任何宣言）時，發現內心的矛盾思想（反對意見）並不少見。例如，你在開玩笑嗎？你永遠不會變有錢。我要重複幾遍？要先有錢，才能錢滾錢。如果遇到這種情況，先寫下矛盾的想法和它喚醒的所有負面情緒，然後閉上眼睛，使用聖多納釋放法（Sedona Method）或指敲法來釋放引發的任何想法和負面情緒。

聖多納釋放法是海爾・德沃斯金教授提出的一種簡單釋放技巧。我是這種釋放法的鐵粉，也常在我的研討會中傳授此法。我也建議你參加聖多納釋放法課程，購買聖多納釋放

* 強烈的情緒會刺激大腦神經元樹突末端長出的數十萬個全新細微毛狀纖維束。這些多刺的樹突狀小突起其實會在大腦中建立更多連結，進而成為建立新信念和以創意的模式實現新財務目標的有力支柱。這不是魔法，這是腦科學！若想深入了解，請參閱道格・班奇（Doug Bench）最新的大腦研究資料，或至網站 www.TheSuccessPrinciples.com/resources 參考更多訊息。

法居家學習語音節目，觀看電影《放手》（*Letting Go*），或閱讀海爾的《聖多納釋放法》（*The Sedona Method*）這本書*。

勾勒你的夢幻生活

記得還要把財富納入你的日常想像畫面中，假裝自己已經達到所有財務目標。想像你渴望的收入水準，例如薪資、租金收入、版稅收入、股利通知單和別人拿現金給你。想像你夢想中的銀行對帳單、股票通知書和房產投資組合。如果你的財務目標都已經實現，就想像你可以買的東西、可以做的事和可以做出的貢獻。一定要把動覺和嗅覺納入想像，例如想像全球頂級絲綢摸起來有多光滑，在全球最棒的水療中心感受奢華按摩有多放鬆，家中放滿你最愛的切花會有多香，或者你最喜歡的進口香水味道有多清香撲鼻。接下來加入聽覺，例如想像你的度假屋前方海灘的海浪聲，或你新買的保時捷精心校準後的引擎發出的聲響有多悅耳。

最後，記得加入在擁有這些東西後，你心中會有多感恩。這種富足感實際上會吸引更多的富足因子到你的生活中。這是這套流程的關鍵，大家卻常常忽略。

在腦海中持續勾勒你的夢幻生活，再想像自己已經擁有這些夢想。

你的願景板上一定要有財務目標的文字和圖片（見準則十一）。

在想像富裕生活時，我覺得另一項效果頗佳的技巧來自《有求必應》（*Ask and It Is Given*）這本書，作者為伊絲特·希克斯（Esther Hicks）和傑瑞·希克斯（Jerry Hicks）。找一個精美的盒子，貼上標籤，上面寫著：「盒子裡裝的……都已成真！」然後開始剪下照片和廣告。在你的夢幻生活裡，你還想擁有什麼，把相關的照片都剪下來。將這些照片全放進盒子，感受擁有、使用和享受這些美好事物是什麼感覺。

* 海爾·德沃斯金著，《聖多納釋放法》，亞利桑納州聖多納：聖多納出版社，二〇〇三年。關於研討會、語音節目、電影《放手》和其他聖多納釋放法相關資源的詳細資訊，請參閱網站 www.TheSuccessPrinciples.com/resources。

57 心思在致富，就會得到錢

「不重視金錢、不想致富，通常就不會致富。你要求財，財富才會來找你。要是心裡對財富沒有炙熱的渴望，財富就不會圍繞身旁。想致富，訂定明確的目的是得到財富的基本要件。」

——約翰·迪馬提尼

有人說，關於人生，你的心思在哪裡，就會得到什麼。這個道理適用於找工作、開公司或得獎，但在獲得金錢、財富和富裕生活上最適用。

打從心底變有錢

致富的一項首要條件，就是意識清明決定要做這件事。我念研究所時決定要成功致富。雖然當時我不太清楚這代表什麼，但「富有」似乎能滿足我生活中的許多需求，包括可以四處參加我想參加的研討會，買我想看的書，支持我關心的慈善事業，還能擁有足夠的資源，實現我的目標和支持我的嗜好。我希望能夠隨時隨地做我想做的事，愛做多久就做多久。

如果你也想成功致富，現在就要打從心底立志擁有富裕人生，別管該怎麼做或機會大不大。

決定財富對你的意義

你清楚自己想要多少財富嗎？我有些朋友當上百萬富翁後就想退休，有些朋友想賺到三千萬、甚至一億美元才退休。有兩個朋友想當超級富豪，這樣才有能力行善。**財務目標無所謂對錯，但你必須決定自己想要什麼。**

如果你還沒根據準則三「釐清自己想要什麼」決定自己的願景（包括確認具體的財務目標），現在馬上花點時間來確定，一定要寫出下列包含下列項目的目標：

我在西元＿＿＿＿年前會有＿＿＿＿元的淨資產。

明年12月31日前，我會賺到至少＿＿＿＿元。

我每個月都會存錢和投資＿＿＿＿元。

我現在起會培養＿＿＿＿這項新的財務習慣。

為了清償債務，我會做到＿＿＿＿。

我會在＿＿＿＿前清償債務。

打造富裕人生需要多少資金

在打造富裕人生時，請記住：這包括你現在想過的生活，也包括你未來想過的生活。你現在過的生活，是集結了你過去的思維、做出的選擇和過去的行動所產生的結果。你未來想過的生活則是你目前的思維、選擇和行動的結果。要想在一、兩年後過上你想要的生活，以及希望「退休」後能過著理想人生，就要計算和決定到底要有多少錢，才能過你的夢幻生活。如果你沒有答案，請研究接下來一年中，你要花多少錢才能買到你想要的一切。這些花費可能包括租金或房貸、食物、衣服、醫療、汽車、水電費、教育、假期、娛樂、保險、儲蓄、投資和行善等費用。

針對每個類別，想像你在過生活時需要哪些物品或活動，然後它們需要讓你花多少錢。想像你會在頂級餐廳用餐、駕駛夢幻名車、享受夢幻假期，甚至翻修房屋或搬新家。別縱容腦子告訴你，那些是天方夜譚或太過荒誕。你目前只要好好研究，清楚了解享受你的夢幻生活需要多少資金，別管到底有多夢幻。

了解退休的真實面貌

此外，你也要決定在退休和停止工作後，享受和現在一樣好、或更好的生活需要多少錢。雖然我從沒想過要停止工作，但如果你想過要退休，查爾斯·希瓦柏（Charles Schwab）建議，若退休後想每月賺一千美元的收入，停止工作時就要有二十三萬美元的投資。如果投資額為一百萬美元，報酬率是六%，每月的稅前收入大約有四千三百美元。

這個數字夠不夠取決於許多因素，像是房貸還完了沒？要扶養多少人？國民年金有多少？還有你理想的生活方式是什麼？不管怎麼樣，目前一個月四千三百美元可能無法讓你過理想的富足生活。如果想要旅遊和過積極的人生，可說是遠遠不足。如果再把通膨納入考量，更是少之又少。

培養財富意識的四步驟

多數人通常對財富沒有概念。譬如，你了解自己的淨資產（總資產減掉總負債）嗎？了解自己存了多少錢嗎？清不清楚自己每個月的固定開銷和變動開銷有多少？知道你目前總共背多少的債、每年共付多少利息嗎？你知道自己的保險夠不夠嗎？你有財務計畫嗎？房屋有規劃嗎？遺囑立了沒？是最新的嗎？

想要實現財務成功，一定先要有財務意識，不僅要精準了解財務現狀，更要清楚未來的目標和達成的途徑。

步驟 1：判定淨資產

如果不知道淨資產有多少，你可以：

1. 找會計師或財務規劃師一起計算。
2. 網路上有許多免費工具，選一種來使用。
3. 買個軟體試算一下。

步驟 2：判定退休條件

再來就要算一下退休時的財務需求。請注意：退休的基本條件是經濟獨立。優秀的財務規劃師可以告訴你，你要有多少存款和投資，多少孳生的利息、股

真實人生歷險

作者：蓋瑞・衛斯（Gary Wise）及

藍斯・亞德里奇（Lance Aldrich）

最新數據顯示，如果你今天退休，你可以享受極其優渥的生活直到明天下午 2:00 為止。

圖表 5-1　人生規劃

利、租金和版稅收入，才能在不工作的條件下，享受目前或未來期望的生活方式。

經濟獨立能讓你放心追逐個人所愛、旅遊、行善和參與社福活動，或任何你想做的事。

步驟3：了解你的支出

「現今的世代和經濟，首要問題是缺乏金融知識。」

——艾倫・葛林斯潘（Alan Greenspan），前美國聯邦準備理事會（Federal Reserve Board）主席

多數人不清楚每個月究竟花了多少錢。如果你根本沒追蹤過自己的開銷，請先記下每月的所有正常開銷，像是房貸或租金、車貸、其他所有分期付款或貸款、保險、第四台、網路、健身房等費用。接著回想過去六到十二個月，計算每月平均變動支出，包括水電費、電話費、伙食費、服裝開銷、汽車保養費、醫療費等。

最後，記下你當月所有支出，無論金額大小都要記，從油錢到星巴克的咖啡錢。月底時再把所有費用加總，這樣就能清楚掌握（不能完全不了解）你花了多少錢。在必要開銷和衡量過的開銷上打勾。這個練習能幫助你了解你目前的支出，以及有刪減空間的支出。

步驟4：了解金融知識

「學校沒教金融知識。改變思維和學習金融知識需要付出大量心力和時間。」

——羅勃特．清崎，《富爸爸，窮爸爸》作者及現金流遊戲（Cashflow Game）創作者

你不只該每天檢視財務目標，還要每月追蹤支出，才能掌握金錢的變動，而且在接下來的一年，每月最好至少讀一本財務好書，積極學習金錢和投資。我推薦各位選讀我的好友菲爾．湯恩（Phil Town）撰寫的兩本佳作：《有錢人就做這件事》（*Rule #1*）和《讓散戶賺起來》（*Payback Time*）。

另一種了解金融知識的方式是請教專業人士。他們能傳授你打造健康金融未來的理財技巧。你投資股票和債券，以換取利息收入，也可投資收益型房地產，這種房地產的租金收入高於房貸還款金額，能產生正現金流。

馬克．羅賓斯（Mark Robbins）和希拉．羅賓斯（Sheila Robbins）五十多歲，就像其他嬰兒潮世代的人一樣，有根深蒂固的員工思維，從不討論如何打造富足人生，只會埋首工作。希拉在聯合航空（United Airlines）擔任空服員三十五年，馬克則在汽車經銷商擔任經

理，兩人皆把錢存入勞退帳戶。

股市下跌讓他們痛失大約一半的退休基金後，他們覺得一定能找到更好的財富管理模式，於是加入一家網路行銷金融服務組織，開始參加這個組織開辦的課程。由於他們讀了《富爸爸，窮爸爸》這本書，也玩了現金流遊戲，兩人聊天時開始會聊到金錢，也考慮要投資房地產。他們找到一位房仲，這位房仲專門從事他們屬意的房產投資類型，於是他們整個夏季都在買房。僅僅一年，他們租給單一家庭的房子就有十五間，價值超過兩百萬美元，全都產生正現金流。

還不只這樣，他們現在還成功經營克萊斯勒、道奇、吉普車經銷車行，以及一間居家企業。因為他們願意付出時間和金錢學習財務金融，同時把學到的守則學以致用，生活才有天壤之別，再也不能同日而語。

58 先投資自己，存下一〇%收入

「你有讓自己富足的天授神權。若你還不是百萬富翁，你得到的就還不夠。」
——史都華・懷德（Stuart Wilde），《致富的祕訣就是賺錢》（*The Trick to Money Is Having Some!*）作者

一九二六年，喬治・克雷森（George Clason）寫了《巴比倫富翁的理財課》（*The Richest Man in Babylon*）這本書，這是史上最成功的經典書籍之一。這是關於一位名為阿卡德（Arkad）的人的寓言故事。阿卡德是一個單純的繕寫員，他成功說服一名從事放債的客戶傳授他致富祕訣。

這位放債者教給阿卡德的第一條守則是：「一定要把賺到的錢留一部分給自己。」他繼續解釋：先把至少一〇%的收入存起來（不准花掉），時間久了，阿卡德會看到這筆錢越來越多，進而開始錢滾錢。再繼續下去，複利的威力會讓它大幅增值。

許多人因為先付錢給自己，才能建立自身的財富。這個守則即便在現在，也和一九二六年一樣真實有效。

做長期投資的規劃

儘管這個一〇％的公式很簡單，大家卻不想聽，我總對此震驚不已。不久前我從機場坐豪華禮車返回我在聖塔芭芭拉的家，二十八歲的司機發現我的身分後，請我分享一些他能應用在自己生活中的成功準則。我說他該把薪水的一〇％拿來投資，再把股利繼續投資。我看得出他把這些資訊當耳邊風，因為他想要的是一夜致富的計畫。

© 1999 Randy Glasbergen. www.glasbergen.com
投資及財務規劃
GLASBERGEN
「我週五退休，但我完全沒存款。
你有機會成為財務規劃之神了！」

圖表 5-2　投資及財務規劃

但是，**儘管大家喜歡探求快速致富的機會，我仍深信一定要以扎實的長期投資規劃做為基礎**。越早展開行動，就能越快打造百萬美元安全網。

找理財規劃師詳談，或從網路上多不勝數的網站中挑出一個，輸入淨資產現額和退休的財務目標，算出你從現在起必須存多少錢、投資多少錢，才能在退休時達到目標金額*。

世界第八大奇蹟——複利

「複利是世界第八大自然奇蹟，也是我見過威力最強大的東西。」

——阿爾伯特·愛因斯坦，諾貝爾物理學獎得主

如果你不太懂複利這項概念，我解釋一下：如果你投資一千美元，利率為一〇%，你得到的利息是一百美元，第一年年底總投資即為一千一百美元。如果本息繼續投資，第二年就

* 許多網站能幫你算出達成財務目標所需的條件，無論你是想確定該準備多少退休金，計算目前的收入能負擔多少房貸，或是預估透過儲蓄和投資能累積多少財富，皆可線上算出。在網路瀏覽器搜尋「線上理財計算機」（online financial calculators），查看有哪些適合使用的服務。

會得到一千一百美元的一〇%利息，也就是一百一十美元。接著，第三年繼續投資就會得到一千兩百一十美元的一〇%利息，依此類推。只要你不動這筆錢就行了。按照這個速度，你的資金實際上每七年就會賺一倍，這就是你的本金長期下來會成長為天文數字的過程。

當然，最棒的消息是，依靠複利投資時，時間是你的好友。越早開始，成效越高。想想下面的例子：瑪麗二十五歲開始投資，三十五歲停止投資。湯姆三十五歲才開始投資，但持續投資到六十五歲退休。瑪麗和湯姆每月都投資一百五十美元，年報酬率為複利八%。但是兩人六十五歲退休時的結果有多驚人。瑪麗十年裡只投資了一萬八千美元，最終得到了二十八萬三千三百八十五美元，而湯姆在三十年裡共投資了五萬四千美元，最後只拿到二十二萬二百三十三美元。只投資十年的人，比投資三十年但晚進場的人賺得更多！越早開始存錢，複利就越有時間發揮強大的魔法。

把儲蓄和投資放在第一位

全球最積極的儲蓄人士會把投資當作資金管理的核心，把它看成和付房貸一樣重要。

為了培養每個月存一些錢的習慣，請馬上以事先決定好的比例，把部分薪水存到你不准自己動用的儲蓄帳戶。持續把資金存進這個帳戶，直到裡面的錢足夠存進共同基金或債券帳戶，或投資房地產（包括購買自住住宅）為止。許多人把錢浪費在租金，而不是拿來建立住宅淨值，實在太可悲了。

投資收入的一〇%或一五%，就能幫你累積財富。先付錢給自己，再拿剩下的資金來生活。這種做法有兩項優點：(1)強迫你開始累積財富；(2)如果你還想買其他東西或做更多事，它會逼你另闢財源來負擔你的開銷。

絕對不要拿積蓄來提升生活品質。你的投資最好成長到讓你在必要時能只靠利息過生活。只有這樣才真正算是財務獨立。

先付錢給自己

約翰．迪馬提尼博士是整骨師，常為其他整骨師舉辦研討會，討論如何提升個人專業和財務。他的生活相當富足，無論在精神、朋友、冒險以及金錢層面皆然。約翰告訴我：

多年前我剛執業時，我會先付錢給其他人，剩下的才給自己。當時我懵懂無知，後來我發覺在我手下工作不到半年的人都能按時領薪水，而且他們領的是固定薪水，但我的薪水卻是變動的。這樣太扯了。最重要的人（我）承受壓力，但其他人卻坐享安穩。我決定扭轉局面，先付錢給自己，再來是繳稅，第三是生活開銷，第四則是繳帳單。

我設定了自動提款，我的財務狀況自此徹底改變。我意志堅定，就算帳單堆積如山卻沒有金錢進帳，我也不會中止提款。我的員工不得不努力預訂更多研討會，努力賺錢。在原先的制度下，若他們不預訂或收款，責任就落到我身上。但現在的情況正好相反，要是他們想得到薪水，就得努力賺更多的錢。

迅速致富的心法

約翰建議的另一條守則，是絕對不能入不敷出。約翰每賺一美元，會存下五〇％。如果他想把個人開銷提高四萬五千美元，就得先多賺九萬美元。假設你想花四萬美元買車，要是無法多存四萬美元，就不能買車。不然，你就得買便宜一點的車、將就著繼續開現在的車或是出去賺更多錢。關鍵是如果無法存入相同金額的錢，就沒有資格提高生活水準。如果你真的多存了四萬美元，那你就知道自己有資格提高相同價值的生活水準。

五〇／五〇法則能讓你迅速致富。這是億萬富翁約翰・馬克斯・坦伯頓爵士（Sir John Marks Templeton）致富策略的心法。

別等到有錢才開始存錢

多數人會等到手上有閒錢、手頭寬裕時才開始存錢，但這種做法不正確。你現在就該為了未來存錢和投資！投資的越多，就越早達成財務獨立。共同基金先驅兼慈善家約翰・馬克斯・坦伯頓爵士原本只是週薪一百五十美元的股票經紀人，他和他的妻子茱蒂・佛克（Judith Folk）決定從收入中拿出五〇％來投資股票市場，同時仍然優先考慮十一奉獻（tithing）*。這讓兩人只剩以收入的四〇％過生活。但約翰・坦伯頓在二〇〇八年去世時，已躍升億萬富翁！他畢生堅持這種做法。後來，他每花一美元，就捐十美元給支持靈修的個人和組織。

* 十一奉獻又稱什一稅，意為將收入的十分之一捐獻給神的工，例如教會。

自律和努力，讓你變百萬富翁

根據政府資料，美國在一九八〇年有一百五十萬名百萬富翁，二〇〇〇年有七百萬名，二〇一四年有九百六十萬名，估計二〇二〇年會成長到約二千萬名，全球則有六千五百萬名百萬富翁。根據估計，美國每十二分鐘就有一個人變成百萬富翁。只要稍加計畫，配合自律和努力，你就可望成為百萬富翁。

百萬富翁不一定是「名人」

儘管從川普、布萊德．彼特和歐普拉來看，你可能會認為百萬富翁大多是名人，但其實超過九九％的百萬富翁都是勤奮、一絲不苟的儲蓄者和投資者。

這些人致富的管道有三種：自行創業，創業者占美國所有百萬富翁的七五％；任職大公司的高層主管，這些人約占一〇％；或擔任專業人士（醫師、律師、牙醫師、會計師、建築師）。此外，約有五％的百萬富翁是業務員或銷售顧問。

事實上，大部分的美國百萬富翁都是普通人。他們孜孜矻矻，量入為出，把一到兩成的全部收入存起來，轉投資到自己的事業、房地產+和股市中。這些人是乾洗店、車行、連鎖餐廳、麵包公司、珠寶店、牧場、貨運公司和水電材料行老闆。

不過，只要學會有紀律的儲蓄和投資並及早開始行動，各行各業的人都有機會變成百萬富翁。各位一定讀過或聽說過密西西比州哈蒂斯堡（Hattiesburg）的奧莎拉・麥卡迪（Oseola McCarty）的故事。她念小六時被迫輟學照顧家人，幫人洗燙衣物大約七十五年。過著簡樸生活的她，極力存下她微薄的薪資。一九九五年，她從自己二十五萬美元的畢生積蓄中，拿出過半存款十五萬美元，捐給南密西西比大學（University of Southern Mississippi）做為清寒獎學金。有趣的是：奧莎拉在一九六五年估計擁有約五萬美元的積蓄，如果當時她把這筆積蓄投資到標準普爾五百指數基金，這檔基金平均年報酬率為一〇・五%，那她最後的資產就不會只成長到二十五萬美元，而是九十九萬九千六百二十八美元。這將近一百萬美元的資產，是原來的四倍*。

* 請參閱〈奧莎拉・麥卡迪的無聊之舉〉（The Oseola McCarty Fribble）一文，此文由瑟蓮娜・馬蘭江（Selena Maranjian）於一九九七年九月五日發表於 Motley Fool 網站： www.fool.com/Fribble/1997/Fribble970905.htm。

讓錢為你工作

要執行「先付錢給自己」，最簡單的方法就是訂定完全「自動化」的計畫，也就是說，依照你的指示，將固定比例的薪水自動扣除並拿來投資。

財務規劃師會依據服務過數百位客戶的豐富經驗告訴你，如果不是自動作業，很少人（如果有的話）會嚴格執行先付錢給自己的計畫。如果你是員工，請詢問公司有沒有類似401(k)*這種自行操作的退休帳戶。

你可以設定公司從薪水中自動扣除你要提撥的金額。如果是收到薪資前就先扣帳，那就萬無一失。更重要的是，你不必思考投資這件事，亦即你不必注意自律。它不受你的情緒波動、家中變故或其他任何因素所影響，執行一次之後就不用管它。這種計畫還有一個優點：在贖回之前大多免繳稅。因此，你投資的不是七十美分，而是整整投資一美元，並年復一年以複利計算。

有些公司甚至會提撥相同金額。如果貴公司是這樣，請二話不說，快加入這項計畫！洽詢貴公司員工福利處並了解登記流程。之後，一定要提撥法律規定比例的上限，不然起碼要有一〇%。如果提撥一〇%有困難，就看你最高能提撥多少。幾個月後再評估一次，看看有沒有提高比例的可能。發揮想像力，找出可以刪減的花費和拓展其他收入來源。

如果貴公司沒有退休金方案，你可以去銀行或股票經紀商開立個人退休帳戶（IRA）。你每年可提撥到個人退休帳戶的款項上限為五千五百美元（年滿五十歲者為六千五百美元）。請銀行、股票經紀商或理財顧問協助你選擇傳統的個人退休帳戶或羅斯退休儲蓄帳戶（Roth IRA）。開立個人退休帳戶的作業流程和開立支票帳戶所需的時間差不多。為了維持自動化作業，建議設定由支票帳戶中自動扣繳。

如果想了解自動投資計畫的詳細優點，我強烈建議各位閱讀大衛．巴哈（David Bach）的《讓錢為你工作的自動理財法》（*The Automatic Millionaire*）。四十歲以上的讀者請讀大衛．巴哈的《起步晚，照樣致富》。大衛完整提供了各位需要的資訊以及將這些建議付諸實行所需的豐富資源—甚至還寫出了電話號碼和網站，方便各位在舒適的家中完成所有工作。

---

* 401(k)是指美國稅收法第四百零一條第K款。此條款規定公司得提撥員工薪資放入退休帳戶中，取用時才需課稅。401(k)退休金制度的提撥比率為員工薪資的二~一五%，雇主亦可相對提撥，但並未強制規定公司皆要從員工薪資提撥退休金。

打造資產，而非負債

「第一條規則：一定要懂得區分資產和負債，你該添置的是資產。窮人和中產階級添置的是負債，卻誤以為取得資產。資產會招財，負債則是破財。」

——羅勃特・清崎，《富爸爸，窮爸爸》作者

太多人靠支出和一時的興致來理財。多數人覺得自己的「投資」模型如圖表5-3。

但看一下富人如何處理投資。他們把賺到的錢絕大部分拿來投資創造性資產，包含：房地產、小企業、股票、債券、黃金等。想致富就效法他們。你可以如圖表5-3理財。

圖表 5-3　投資模型

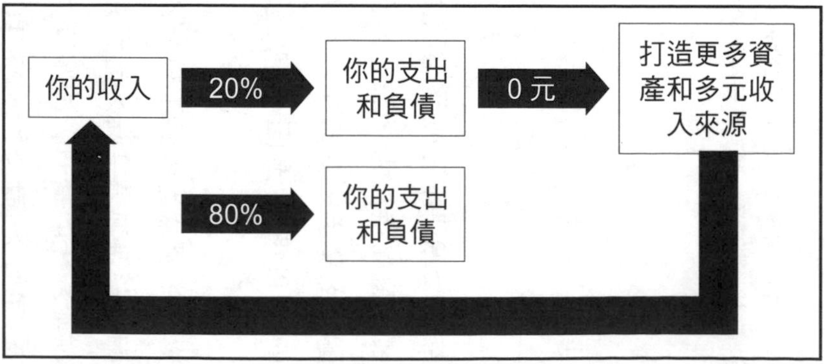

圖表 5-3　投資方法

一旦財富開始成長……

一旦財富開始成長，再來就要了解怎樣投資最恰當。你最後可能會想找一名優秀的理財顧問。我個人是請教理財成功的人聘請哪位理財顧問，結果有一個人的名字出現不止一兩次。這就是我找到理財顧問的方法。

我建議最好選擇ＣＦＰ認證理財規劃顧問（Certified Financial Planner, CFP），這是判斷對方可信度高低最簡單的方式，不過ＣＦＰ不見得掛保證。先問問和你類似的人能不能推薦人選。可以的話，該顧問最好曾經成功提供理財規劃給和你目前人生階段相同的客戶，這樣的顧問才是最佳人選。

針對建立投資組合的最後一項建議：一定要有適當的保險機制，包括職業責任險（如果你是自雇者）和一份認定你為這段婚姻挹注財務資源的婚前協議。

59 成為聰明的消費高手

「太多人寅吃卯糧，買了不需要的東西，只是因為想讓他們不喜歡的人留下好印象。」

——威爾・羅傑斯（Will Rogers），美國幽默家、演員及作家

別搞錯了。年收入數百萬、住豪宅、體驗富裕又奢華的生活，同時還能透過大量投資建立高資產淨值，應該是每個人的財務目標。然而，在這段過程中，你的目標應該也要包括學會如何聰明地花錢。

今天，一般家庭累積的消費債務數字相當驚人，他們還要付房貸、車貸和學貸，更別提刷卡買日常用品和其他必需品的卡債，難怪多數人一輩子都無法擁有他們夢想的淨資產和奢侈生活。他們拿每個月花剩的一丁點錢，償還先前的購物費，而不是投資未來的生活。今天他們負債累累，而且會背債一輩子，是因為他們花得比賺的多。

另一方面，成功人士已成消費高手，生活不鋪張浪費。他們了解如何達成心中的目標，所以量入為出，極力撙節花費。

去年花了多少錢？

「問問自己，你買這個東西是出於需要還是想要？兩者大大不同。」

——戴夫・拉姆齊（Dave Ramsey），《躺著就有錢的自由人生》（*The Total Money Makeover*）作者

過度花費會嚴重拖累你的財務目標，讓你債台高築，成為儲蓄的重大絆腳石；你會變得一心想消費，而非創造和累積財富。

如果你無法控制開銷，請嘗試這項練習：把家裡的每個壁櫥、抽屜和櫃子都翻一遍，翻出所有去年沒用過的物品，包括衣服、鞋子、珠寶、器皿、消費性電子產品和電器、毯子、工藝品、運動器材、遊戲、玩具、汽車配件和工具，所有你去年買了但沒有用的東西。把東西全集中放置一處，像是客廳、家庭休閒室或車庫，再將購買這些物品的價格加總。

我遇過某些人發現索價不菲的衣服還貼著價標、購物袋裡裝著還沒拆封的居家用品和可能只在三、四年前用過一次的昂貴工具和設備。

事實上，只有燕尾服、晚禮服、滑雪靴和浮潛裝備可能需要每幾年用一次，除此之外的物品，可能從一開始就用不到。去年你沒有拿出來用，卻花錢買了下來。如果把這些東西的成本加起來，搞不好總價會超過目前的卡債總額。

能付現就別刷卡

撙節開銷的一種辦法是購物時開始儘量付現。現金比較直接，會讓你想到你買的物品。你可能會發現自己用現金支付的開銷金額比刷卡支付時要低。每次你購物時，都會更謹慎考慮，所以「必要」的雜支顯得沒那麼必要；你會想將高額消費延後，這逼得你思考有哪些替代品可以使用。

降低奢華生活的開銷

成為消費高手的另一種方法是過你夢想中的生活，但付出超低的成本。我認識很多人一直在過夢想中的生活，卻仍能堅持積極的儲蓄和投資計畫，訣竅是他們在消費和購物模式中做了些簡單的改變。

來看看幾個例子。

我認識一位女性，她常只花一百二十三美元就買到價值六百八十五美元的歌劇院季票。她能觀賞世界級男高音的表演，聆聽氣勢磅礡的樂音，並和花費高出她很多的其他藝術贊助人相談甚歡（她買票的費用比其他人低八二％）。她怎麼做到的？當季票訂閱人士在三月收到信時，她從中選出想看的歌劇，把不想看的歌劇當空氣，再把款項連同「客製化門票」的說明一起寄出去，接著只要假設對方會接受這筆訂單就行了（當然，對方一定會接受）。她完全不介意坐在樓座席（balcony）＊，所以只要付相當不到一個月的油錢就能享受一整季的「香檳」體驗。

另一位朋友喜愛收藏復古車，他不只收集汽車，還包括凱迪拉克敞篷車。大家不會想在

＊ 樓座席是距離舞台最遠的座位區。

一月分買敞篷車，他會趁那時買下這些車，因此省了好幾萬美元的成本。因為他的這種策略和其他高明的購物點子，他手上有幾間僅供出租用的房子，他把這幾間房子帶來的正現金流存下來。

我還認識一位女性，她喜歡穿昂貴的名牌服飾，而且她覺得有道德義務去二手商店買下這些服飾。她有辦法從貨架上挑出幾近全新或從未穿過的舊衣，花少少金額就能打扮得像電影明星一樣美豔動人。

還有些人透過以物易物交換商品和服務，他們主動要求店家打折，詢問怎樣才能以打折價買到商品，或者打電話給四、五個供應商，請他們為同一件商品報價，在超低價商店買不重要的物品，好騰出預算買重要的物品。簡單來說，從他們夢想的奢華生活中，他們會盡力擠出一點預算。

對這些人（他們全是積極儲蓄人士）來說，花小錢過這種生活是一種遊戲。

真正的快樂泉源？

「最容易得到快樂的人最富有。」

——亨利・大衛・梭羅（Henry David Thoreau），作家、詩人兼哲學家

財務導師陶德・特雷西德（Todd Tresidder）建議，把從前到現在買來的「非必要」物品的開銷加總起來，再思考若以相同的金額去做別的事，會有什麼不同。你可能拿相同金額的金錢做為應急基金，享受富裕和豐碩的生活，或購買能讓你感到更快樂的物品。出國度假、請虛擬助理、上好玩的課，享受個人成長的機會，或擁有將大愛散播到全球的能力，難道不會讓人生更愉快、更能激勵你改善成功理財技巧嗎？

暢銷書《起步晚，照樣致富》（*Start Late, Finish Rich*）的作者大衛・巴哈，把這種省錢策略稱為「拿鐵因素」（Latte Factor），意思是如果刪掉不必要的小額日常開銷，像是早上到精品咖啡館買四美元的咖啡、每天買午餐或去購物中心刷卡洩憤，就能把省下來的錢轉投資，協助你達成財務目標。雖然這些消費金額看似很低，但加總後，大家總會驚覺這是一筆高額儲蓄金。

重新評估學貸的必要性

美國現今的未償學貸總額超過所有美國家庭卡債的總和。近一兆億美元被借來付學費、書本費和生活費，但尚未還清。有些學生剛畢業就背了二十萬美元以上的債務，造成他們難以買房、結婚、創業、旅行，甚至從事自己喜歡的工作。相反地，他們被迫搬回家，縮減未來規劃，選擇最高薪的工作，就算那份工作不符合所學也沒辦法。

不僅如此，專家還表示，學貸申請簡便其實導致各大學抬高學雜費用，校方知道反正學生為了就學會願意借錢支付學費。許多貸款人會說，學貸絕大部分的比例是用在生活費、房租和其他可能無助於教育的日常開銷。

但在你說：「要是沒學貸，我就上不了大學！」之前，請捫心自問：這筆貸款（或者這麼高的貸款金額）真的有必要嗎？前兩年能不能住家裡，先念社區大學好降低開銷？可以省錢住宿舍，不要租房子和買家具嗎？能不能先進業界實習，積極參與產業團體，打造豐富的簡歷和履歷？能不能之後研究私人家族基金會提供的冷門獎學金，成為榮譽獎學金申請人？畢業時背的債務能少則少，應該是所有大學生的目標。

擺脫債務，馬上行動

成為消費高手的另一項要件是輕鬆擺脫債務。請你馬上止付高利率信用卡，擁抱低消費生活。

說來令人驚訝，人類累積的個人債務不能再高下去了。許多人的信用卡、房貸和車貸高得令人咋舌，儲蓄和財務安全因此受到影響。如果你正身陷這種泥淖，請馬上行動，採取以下策略，享受零債生活：

1. **不要再借錢**。聽起來很簡單，但借錢是零債務破功的主因。很多人一邊還債，一邊繼續刷卡、申請新貸款等。這樣真的太不合理。為什麼？多數人不知道借貸的成本其實高的嚇人。圖表5-4的數字說明了借錢購物的實際成本：

如果原本借一萬美元就能買下的東西，你不想最後付一萬三千三百四十六美元，請儘量找出辦法付

借入金額	10,000 美元
利率	10%
融資月數	60 個月
支付利息總額	3,346.67 美元
總利息占購物總額百分比	33.5%

圖表 5-4　成本試算

現、買低價的類似物品，或想清楚這樣東西是否真有必要。

2. **不要申請房貸來還卡債**。把每個月的債務「合併」為利率較低的貸款，實際上會讓你的財務雪上加霜。為什麼？因為你回到攤銷規模的起點，這時每月還款的利息最高。所有貸款初期的每月還款中，僅有少數用來償還本金，而你先前償還的消費性貸款，大部分（甚至全部）的每月還款金額會被用來償還本金。

3. **先還小額債務**。先還最小額的債務。雖然這乍看之下沒什麼，但這是一項重要的突破。因為只要你達成任何目標，自信心都會大幅提升。最低的目標最容易達到，何不從這裡著手？

4. **慢慢提高償債金額**。只要還清小額債務，原本每個月的償債資金就能用來提高下一筆債務的還款額。例如，還清每個月三百美元的卡債之後，下個月就能把這三百美元的資金拿來償還你平常的車貸。提早還清車貸的話，就能省下好幾千美元的利息，還可以預防你把每個月的生活費預算提高三百美元。

5. **儘早還清房貸和卡債**。許多房貸核發機構提供所謂的雙週房貸，意思是每隔一週支付半個月的房貸還款額，而非在月初一次付一大筆錢。由於這些貸款通常會在每次還款時重新攤銷，因此可把三十年房貸變成二十三年房貸。這樣省下的利息會非常可觀，還清債務的速度也會出奇得快。如果你的貸款機構並沒有提供這種貸款，你何不每年多還一次，或每月主動多還一點？這樣仍可以縮短貸款年數，同時省下好幾年的利息。你也可以刷卡支付額外費用。

專注執行減債儲蓄計畫

決意擺脫債務和提高存款時，就會感受到生活中浮現出一股神奇般的力量。如果把心思從花錢消費轉成享受現有的生活，把錢放一邊，你就會以驚人的速度進步。就算你每個月都不相信自己能撐下來，只要一心一意執行減債儲蓄計畫，你會詫異自己管理和執行目標的能力原來這麼強。

你可能會經歷重大的轉變，看到你的價值觀和優先順序起了變化。你突然開始把還債速度當作成功的指標，再也不重視購買的商品。等到你的投資組合開始增值，你會開始衡量哪些購買決策能協助你達成財務安全和零債務的目標。

不管你目前處於哪個生命階段，即便你正身陷絕望之中，也請堅持到底，讓這個奇蹟帶領你加速達成目標。

60 與其少花錢，不如多賺錢

「不論怎樣讚美貧窮，事實仍然不變，人只有致富之後，才能過著美滿又成功的生活。」

——華勒思．華特斯（Wallace D. Wattles），《致富科學》（*The Science of Getting Rich*）作者

總之，想擠出更多錢投資或購買更多奢侈品，其實只有兩種方法：一開始就少花錢，或乾脆多賺錢。我個人喜歡多賺錢。我寧願賺多花多，也不要為了縹緲的將來一再否定自己的物欲。

事實上，多賺點錢代表你可以在渴望的事物上做更多的投資和花費，包括旅行、購買服飾、從事藝術、參加音樂會、品嚐美食、享受高品質醫療與世界級的娛樂體驗、搭乘頂級交通工具、接受教育、發展嗜好及購入各種省時又省力的裝置和服務。

這種觀念是常識。

多賺錢的三步驟

多賺點錢的第一步是決定想賺多少。我廣泛探討了如何運用心靈宣言和視覺化的威力來肯定自己已經賺到這筆錢。想當然爾，全球各地的超級富豪運用這些日常小技巧讓人生更富足的故事也屢見不鮮。

第二步是問自己：我能提供哪些產品、服務或附加價值來賺得這筆錢？這個世界、你的雇主、社區、同事、同學或客戶需要你提供什麼？

最後第三步，只要開發和提供這項產品、服務或附加價值就行了。

賺錢祕方1：成為內部創業家

現在，許多美國腦筋動最快的公司正大力培養員工和高階主管的創業心。如果你的雇主正是這種公司，或者你能找出隱藏的獲利來源，說動老闆把一部分的新獲利給你，你一定能立即提高收入。

也許你的公司有一份拒絕買其他產品或服務的客戶名單，也許你的工作團隊很擅長管理專案，成員有空閒的時間可以「接受外僱」到其他部門，以便賺取外快。也許公司有某個機器、某種供應商關係、某項不受青睞的行銷理念或其他特別的資產還有可發揮價值的空間。你可以擬定一項計畫，把這項資產轉化為現金，建議公司在下班後執行資產效用極大化專案，賺取額外報酬。搞不好你還能因此得到你應得的升遷機會。

珍奈特．斯威策的《這樣做，馬上能賺錢》（*Instant Income*）詳細解釋與老闆談生意的完整計畫，包括尋找隱藏收入機會的清單、和老闆磋商協議的腳本、報酬模型建議、能幫你賺外快的策略，連執行計畫的綜合參考指南都鉅細靡遺地寫了出來。

賺錢祕方2：找到需求，滿足需求

「如果我不先思考一項發明能帶給人們什麼好處，這項發明絕無法盡善盡美。在我著手發明之前，我會先發掘這世界的需求。」

——湯瑪斯・愛迪生

史上許多成功人士都是先找出市場需求，再提出解決方案。但我們大多從沒思考過市場的需求，甚至連市場可能的需求都沒想過。如果你夢想賺更多錢（不管是透過你的本業或是兼職），請找出尚未滿足的市場需求，再決定解決需求的方式。

不論是為某種收藏家族群架設網站，為需要稀有或特殊技能的人士提供獨特的課程，或是開發新產品或服務來因應社會新興趨勢，你一定有辦法找出某些需求，打造相關事業或服務。許多現在看起來理所當然的發明和服務，都是「為了滿足某項以前的需求」。但事實依然沒有改變：大家在自己的生活中發現某種需求，或者偶然發現別人的需求，才能發明我們現今享受的小玩意和服務：

- 慢跑嬰兒推車（Baby Jogger）是由一位想慢跑但又得照顧孩子的男性發明的。他為自己發明這個裝置，看到的人幾乎都想買。
- 線上賺物網站 eBay 成立於一九九五年，當時創辦人皮埃爾・歐米迪亞（Pierre Omidyar）的設計初衷，是想幫未婚妻交易皮禮士（PEZ）糖果分裝罐。
- 雅芳（Avon）認為該公司的直銷手法非常適合新興俄羅斯民主國家。當時的零售基礎設施趨近於零，雅芳的代表不只能為用不慣化妝品的俄羅斯女性擔任個人美容顧問，還能當作配送點。

- 聰明的創業家發明了網路約會服務，滿足每天坐在電腦前八到十二小時的單身族的渴望，以及他們忙碌的行程。
- 尼古拉斯·伍德曼（Nicholas Woodman）創辦了行銷公司樂博（FunBug），但公司在二〇〇二年倒閉，於是正值二十六歲的他決定到世界各地衝浪。為了拍下他衝浪的英姿，他拿橡皮筋把三·五公分的相機綁在手掌上。看到像他這種業餘攝影師想為他們的活動拍攝高畫質的動態照片，但又礙於距離不夠近或無法以合理價格買到高級裝置，得到創立 GoPro 的靈感。他想出的辦法是設計出某種腰帶，可以把相機固定在身上。他和他未來的妻子在加州沿路開車，以六十美元賣掉在峇厘島用一·九〇美元買到的貝殼項鍊，他用這筆金額，加上爸媽借他的錢，做為這家企業的創業資金。他研發的第一代相機已經能支援無線網路、遠端遙控，是輕巧防水的數位相機，而且價格對運動迷而言相當親民。二〇〇四年，某家日本企業在一場體育比賽中訂購了一百台，這是他的第一筆大買賣，自此銷售額每年翻漲。二〇一二年，GoPro 賣出二百三十萬台相機。同年，台灣代工廠出資兩億美元收購該公司八·八八%的股份，使該公司市值達到二十二億五千萬美元之譜。當時持股過半的伍德曼年僅三十八歲便一夜致富，成了億萬富翁。

• 一九七〇年代，一位德國森林保護員發現一件有趣的事。他能遇到雪崩大難不死，全賴他肩上那隻死去的獵物，是那獵物讓他得以留在雪地表面。他使用大量空罐及氣球進行實驗之後，雪崩安全氣囊的構想油然而生。一九八〇年，親身經歷雪崩的彼得・艾許豪爾（Peter Aschauer）取得專利，成立了彼得亞紹爾公司（ABS Peter Aschauer GmbH），他著手開發能讓雪崩受難者在幾秒內立即充分增加體積，又不致於妨礙移動能力的設計。根據紀錄，自一九八一年以來，在雪崩時配有安全氣囊的二百六十二位滑雪人士，有二百五十五人存活下來，意即存活率為九七%。該公司目前在二十五國銷售產品，在二〇一二年到二〇一三年冬季公布的銷售量為兩萬台，每台售價約為一千美元。

你能找出什麼需求？需求真的無所不在。無論你是想在暑假賺錢的大學生、想每個月多賺一千美元生活費的家庭主婦，或是尋找下個重大商機的創業家，都一定有某種需求能成為你賺大錢的機會。

一項創意晉身成為千萬富翁

麥克．米倫（Mike Milliorn）在標籤公司當業務員，他每個月都需要賺外快。星期五美式連鎖餐廳（TGI Friday's）是他的大客戶。這家營運相當複雜的企業想知道怎樣標記庫存品比較妥當，以便確保員工先使用放了最久的易腐性食品，這種流程也稱為食品輪替。在和麥克會面之前，他們用的是紙膠帶和麥克筆，有時他們也會到辦公用品店買彩色圓點貼紙，在牆上貼了一張表，上面寫著「紅點等於星期三」。

最大的問題是什麼？黏著劑在大型冷凍櫃裡黏不住，因此麥克發明了食物輪替專用的星期標籤（Daydots），這是種零失誤的設計，成功把一週七天印在彩色圓點低溫標籤上。

他發現，如果星期五餐廳需要這些圓點貼，其他餐廳可能也會需要。他開始在經濟許可的條件下，拚命向餐廳推銷星期標籤。

麥克和多數具有新創意的人一樣，持續做本業工作。「我有三個孩子、一筆房貸和兩筆車貸，辭掉本業全心投入星期標籤的風險太大。我根本沒錢，所以我必須想出如何不辭掉工作又能低成本地推銷創意，於是我想到了郵購。」

麥克做了一份簡單的一頁式傳單，上面說明了星期標籤系統。他把太太的雪佛蘭（Chevy）休旅車拿去貸了六千美元，再把傳單寄到他負得起郵資的幾家餐廳。在第一批的信件裡，他拿到了訂單，這讓他有勇氣再寄一批，接著又寄出一批。他們兩夫妻過著兼顧本業和兼職的生活，就這樣過了四年。

麥克的公司現今每年寄出三百萬份目錄，每週印出逾一億張星期標籤。麥克看見了需求，同時（在妻兒和員工的幫助下）辛勤工作滿足需求。

星期標籤甚至發展成製造商和經銷商，經營食品安全產品，以及低溫、可溶解及「超級樂撕」（SuperRemovable）的圓點貼和標籤。

十三年後，一家價值四十億美元的財富五百強企業與麥克接洽，開出數千萬美元的價格收購星期標籤。星期標籤原本是相當簡單的企業，只是為了賺些外快，「讓孩子有錢念書」，但最後麥克賺到的不只是這件事，他還做到其他事。麥克米倫注意到某種需求，同時找到極具創意和成本效益的方法來滿足這項需求。

平價服務帶來豐收回報

一九九〇年代初期，琳達·狄斯坦費和艾拉·狄斯坦費（Ira Distenfield）開始尋找生命中的下一段冒險。他們的公職生涯很成功，但想做點改變。在研究市場、市面上所有的產品和服務之後，他們發現低價法律服務竟付之闕如。

這是理所當然的事，難怪他們找不到。

當時律師仍具社會優勢，幾分鐘就能準備好的簡單文件，可能要收好幾千美元。一般破產案索價一千五百美元，而簡單的離婚案件可能會收高達二千到五千美元。

但狄斯坦費夫妻好奇，如果一般人只要付不到三百九十九美元就能取得簡單的法律表格服務呢？如果能夠揭開法律流程的神祕面紗，而且是以日常的非法律術語向解釋客戶他所擁有的選擇，這種服務有市場嗎？

狄斯坦費夫妻在聖塔芭芭拉的一間小店面開始了這樣的服務。他們的公司「維民」（We the People）於焉而生。

如今，這對夫妻檔在三十州擁有超過一百五十間辦事處，過去十年服務超過五十萬名客戶，內容多達六十種各類法律服務，這些服務的價格都不高。這絕對是找到需求並滿足需求的鐵證。

但最能證明他們找到需求並加以滿足的證據，也許是一位相當滿意的紐約客戶。他向紐約市前企業法律顧問麥可．赫斯（Michael Hess）極力讚揚維民。幾天之內，赫斯查了這家公司，把他的發現轉告前紐約市長魯迪．朱利安尼（Rudolph Giuliani）。曾擔任美國檢察官的朱利安尼市長對於這種簡化流程並收取低價的人本式法律服務很感興趣。他現在是維民的合夥人，為狄斯坦費夫婦的夢想和兩人打造的產業付予極高的信譽。

事實上，維民的成功聲名遠播，某家企業龍頭最近甚至找上這對夫婦，表達希望買下這家公司，把維民提升到新境界。狄斯坦費夫婦致力提供族群平價服務，現在獲得豐碩的回報。

問問自己還需要什麼

你是否在生活中發現自己想要或需要的東西？或者周遭他人生活中的需要望或願望？有什麼需要提供、解決、處理或消除的事物？有沒有什麼事情讓你覺得很煩？能不能找到一些小玩意或服務解決這個問題，紓解你的煩躁？你和所處產業或社交圈有沒有共同的目標或抱負，只要有人提供能夠加以實現的系統或流程，你的美夢就能成真？有沒有什麼你喜歡的活動，只要有新發明或服務，就能讓這件事更愉快？

檢視自己的生活，問問自己還需要什麼，能讓你的生活更輕鬆或充實。

賺錢祕方3：跳脫傳統思維

當瑞麥地產（Real Estate Maximums, RE/MAX）創辦人兼執行長戴夫・林尼格（Dave Liniger）還是成功的年輕房仲業務員時，他和其他人一樣，總抱怨必須把佣金的五成上繳他任職的仲介商。資歷深厚且習慣跳脫傳統思維的他，開始尋找替代辦法。他需要更好的模式，既能賣房子，又能保住更多的佣金。

不久之後，戴夫無意中發現一間出租辦公桌的仲介公司。這間簡單又獨立的仲介商每月收五百美元，提供一張辦公桌、一名接待人員和少數其他服務給能自行開發客戶和做行銷的資深房仲業務員。這些房仲和大衛一樣，不必仰賴大公司就能締造輝煌的業績。但這種出租辦公室的構想與專業管理的房屋仲介公司不同，前者不提供完善的管理、知名品牌和數量龐大的分店，基本開銷費用也無法與其他數千名業務員分攤。

那何不打造一個綜合體？大衛陷入沉思。何不開一間讓房仲業務員享有更多獨立性、過半銷售佣金，且得到的支援又比單打獨鬥來得多的公司？

瑞麥地產自此誕生。自瑞麥地產於一九七三年成立以來，戴夫全力打造願景，即使創業前五年荊棘滿布，他也抱持永不放棄的頑強決心，瑞麥地產如今已成全球發展最快、規模最大的房屋仲介網路，在逾九十國擁有超過九萬多名房仲業務員及六千間辦事處。這些人分擔管理費用，享有費用控管，屬於同一個實體，但也充分獨立，能判定自己的廣告預算，也能決定扣除開支後，自己能保有多少收入。

戴夫提出跳脫傳統思維的創意，他勤奮工作，充滿毅力和熱情，而且滿足了數萬名房仲業務員的需求，所以這個夢想成長為一間年營收近十億美元的公司。

如果你願意跳脫傳統思維，採取行動，你可能會發展到什麼境界？

賺錢祕方4：網路創業

開源專家珍奈特．斯威策和許許多多網路創業家合作過，協助他們提高線上事業的獲利。網路事業是現今最容易成立和營運的事業種類，你甚至不必放棄本業。你可以在極小的市場找到需求然後加以滿足，但仍可以觸及全球數千名甚至數百萬名對這項需求特別感興趣的消費者。

現在很多服務會提供平台，讓你販售幫他人製造、發現或代勞的產品或服務。你可以在eBay、Etsy或雅虎超級商城等線上購物平台開設商店，販賣你製作或購買的商品，無論是古董、電子產品、舊書還是其他物品都可以，每筆交易只需支付少許費用。

另一方面，幾乎所有商品都能在免費網站 Craigslist.com 上販售，從園藝植物、居家用品、服飾，甚至房地產和汽車都可以，全都免費。這是全球最大的跳蚤市場。你提供聯絡方式，方便買家直接聯絡，有些應用程式甚至可以在賣家發布特定商品時提醒買家。

如果你架好自己的網站及訂用購物車服務，就能在自己的網站販售商品及接受信用卡付款。這時專業的價值就浮現了，你可以賣電子書、語音課程、訓練教材、專業報告或工商名錄、入門指南和其他可供下載的知識型產品，這樣一來，你永遠不必寄包裹箱或信封了。

還有一則福音。網路目前為成熟型市場。其他數百個網站、電子報和社團已有訪客、訂閱者和會員，只要你向其他網站站主或聯盟提供一定比例的費用，這些人就可搖身成為理想的潛在客戶。

只要學會網路行銷，你也能在網上行銷其他人的產品。佛羅里達州的一名男性找上當地珠寶商，問對方是否考慮過在網上賣他的珠寶。珠寶商回答曾經考慮過，但一直沒時間動手進行。他提議代為架設網站並帶來流量，雙方拆帳分紅。珠寶商欣然同意，這是雙贏的局面。

尚恩路易斯（Shane Lewis）是維吉尼亞州的一名醫學生，他決意成立網路公司，好讓他在就讀喬治華盛頓大學（George Washington University）醫學院期間能協助家裡的開銷。透過 StoresOnline.com 的協助，他四處尋找產品販售，結果找到一種快速尿液藥檢試劑，讓家長和他人能用來進行藥檢並立即取得結果。二〇〇五年這本書首刷時，尚恩每年從這項產品和另外兩種藥物及酒精試劑中賺到超過十萬美元的收入。他對我說：「我第一個月只有幾張訂單，但到了第三個月，生意相當好，超出我原先的目標。現在我們賺的錢夠我太太在我上課時在家照顧孩子。多虧了這項網路事業，我們幾乎零負債，不用靠學貸過活。」

賺錢祕方5：經營商譽好的直銷

逾一千五百家公司透過直銷販售產品和服務，這之中一定有一家以上的公司能引發你的熱情。從保健食品到化妝品、廚具、玩具、教材和電話服務，甚至包括廉價法律和金融服務，不論是誰都能找到適合自己販售的產品。上網研究一下，你一定能發掘到財富的桃花源＊。

東尼．艾斯科巴（Tony Escobar）和藍迪．艾斯科巴（Randi Escobar）決定加入新成立的直銷公司愛身健儷（Isagenix）。這家公司專營養生、體內排毒、減肥和護膚產品。他們對醫療保健充滿熱情，渴望成功，喜愛人群，也喜愛這些產品，而且他們願意認真工作。

＊ 你可以瀏覽直銷協會（Direct Selling Association）官網 www.dsa.org 取得詳細的公司名單。

身為澳洲移民且曾在亞利桑那州銅礦場工作的東尼，不到幾年前，和妻子兩人才剛面臨破產的窘境。加入愛身健麗之後不到兩年，年收入就逼近兩百萬美元。雖然他們達到這個收入水準屬於特例，但數百萬個加入直銷公司的人，每個月都多賺了幾千美元，還有許多人即將成為百萬富翁。事實上，據說自一九九〇年代中期以來，光是在美國，直銷就造就了超過十萬名百萬富翁！根據報導，有兩成的新進百萬富翁就是靠直銷發跡的。

由於許多直銷公司都撐不久，加入之前請務必詢問該公司及產品可不可靠。建議找歷史悠久且享譽盛名的公司。試用一下產品，看看自己喜不喜歡。如果你對產品和人充滿熱情，就能建立下線，透過槓桿作用致富。很少有什麼事業能讓你投入小小的資金，就能獲得絕佳的機會*。

變得更有價值

不管你決定把心思放在哪裡，關鍵是你對目前雇主、顧客或客戶必須變得更有價值。想做到這一點，你可以改善自己在解決問題、產品任務執行及主動提供他們渴望和需要的服務等方面的能力。

你可能需要接受更多訓練、培養新技能、建立新人脈或投入更多時間。但是，改善執行成效和執行流程完全是你的責任。**你永遠都該尋找其他訓練和自我發展的機會**。如果你需要高等學歷或某種證書，才能在你所選的產業或職業往上爬，別只是說說，馬上行動吧。

創造多元收入來源

想要享受高收入和經濟保障的生活，最好的辦法就是創造各種收入來源。這種做法能避免其中一項收入來源（通常是你的工作）中斷，並使你頓失所有現金流。我的收入來源向來不只一種。就連我在私人診所當治療師時，我也發表演講、為教育者舉辦研討會、撰寫雜誌文章和書籍，並擁有一間郵購書局。

* 如果想把直銷當成職業或外快來源，請參考我建議的必讀書單，簡單了解重要基本知識：馬克·亞內爾（Mark Yarnell）、瑞恩·瑞德·亞內爾（Rene Reid Yarnell）著，《直銷第一年》（*Your First Year in Network Marketing*），加州羅斯維爾市：普利馬出版社，一九九八年；喬魯·比諾（Joe Rubino）著，《建立百萬美元直銷組織的祕訣》（*Secrets of Building a Million Dollar Network Marketing Organization*），維吉尼亞州夏洛茨維爾市：上線出版社，一九九七年；艾瑞克·沃雷（Eric Worre）著，《Go Pro》（*GoPro–7 Steps to Becoming a Network Marketing Professiona*），堪薩斯州威奇托市：直銷職人出版社，二〇一三年。

只要你動手尋找，你也能找到其他各式各樣的賺錢之道。建議從簡單的工作開始，例如在週末開卡車拖運垃圾、當家教，或教音樂課，買房子出租、提供諮詢或網路行銷。

收入來源有無限可能。如果你是無可救藥的書蟲，可以製作一本電子雜誌，收錄你寫過的書評，並附上亞馬遜網站購書連結。每透過你的連結賣出一本書，你都能分到一定比例的聯盟費。他們如果在亞馬遜網站買其他東西，你還會收到部分比例的費用。我認識的一位部落客靠這種方式，平均月收入是二千五百美元。你可以到 eBay 賣東西，可以買賣亞洲藝術品。我有個朋友主要收入來源是專業演講，他很喜歡亞洲藝術，他每年去中國和日本兩次，以超低價買下藝術品之後，留下自己喜歡的作品，把其他的作品賣給人數日益眾多的收藏家，賺到的利潤很可觀。他幾乎不用花錢就能旅遊和拿到自己喜歡的藝術品，賣掉藝術品賺到相當豐厚的利潤。我認識某間私立學校的校長，在暑假也會拿中國古董家具做一樣的事，他會把這些家具運到家裡和車庫然後再賣掉。

我的好姊妹金伯麗·克柏格以合著十一本《心靈雞湯：少年話題》系列而聞名，她深諳多元收入來源的重要性。她二十多歲時喜歡串珠子，但是到了三十五歲時，她決定著手設計較高檔的珠寶，把嗜好變成多元收入來源。她成立克柏格設計公司（Kirberger Designs），隨即以獨特的作品聲名大噪。不久之後，她的作品就在諾德斯特龍百貨和巴尼斯（Barneys）及許多全國各地的精品店上架。

金伯麗的珠寶曾在許多電視節目亮相，包括《青春組曲》（*My So-Called Life*）、《飛越情海》（*Melrose Place*）、《六人行》（*Friends*）和《飛越比佛利》（*Beverly Hills 90210*），也出現在《時尚》（*Vogue*）、《*Elle*》、《*W*》和《美麗佳人》（*Marie Claire*）中。因為她是我的好姊妹，而且這些年來她也一直維持合理價格，我強烈建議各位瀏覽她的網站 www.KirbergerDesigns.com。

成為兼職創業家

如果你有工作、也熱愛你的工作（包括穩定的薪水），但你只想每年賺幾次幾千美元的外快，那你可以運用一些策略，做珍奈特．斯威策口中的「兼職創業家」。珍奈特在《這樣做，馬上能賺錢》一書中，詳細介紹時間短又不花太多心力的辦法，不像整年兼差需要花這麼多力氣。

例如，類似 Elance.com 這種線上服務，能讓你聯絡希望外包各種服務的客戶。如果你是創意工作者，從事如寫作或平面設計、整理簡報檔的工作，或者你能運用專業知識，針對小企業想進行的案子提供建議，這些服務網站提供你空間討論你的技能、展示工作樣本、參與投標案，要是客戶僱用你，就能收取費用。

兼職創業也能激發你的熱情，例如大學教授可以寫文章賺稿費，航太經理可在週末的北美原住民祈禱儀式販售原住民工藝品，或者全職媽媽可以經營播客網站給其他全職媽媽看，這些賺錢管道感覺都不像在工作*。

珍奈特推薦怎樣的兼職創業機會？

當顧問。如果你具備獨特的知識或專長，就能當兼職顧問，賺取優渥的收入。如果想有效推銷自己，你要先確定誰需要你的知識，以及他們所屬的利基市場，再將你的線上內容鎖定這些買家（稍後在第六章「縱橫數位時代」會詳細介紹）。運用文章、你的部落格、免費報告和網站免費評估工具，讓潛在客戶熟悉你的專業知識。

服務夥伴。成千上萬的人透過兼職提供服務，不管是專業收納、協助報稅、規劃派對、室內設計、清理雜草、撰寫補助金申請文件、幫企業購買節日禮品、魔術表演，或是其他數百種消費者和企業願意買單的服務。幾乎只要是你喜歡做的事，但此事對別人來說很花心力和時間，就可以成為兼職服務，讓你賺即時收入。推銷自己的兼職服務事業的關鍵，是接觸其他同業夥伴，這些同業已有消費者和企業購買過他們的服務，商請他們推薦你。

零售和製造。這種工作最適合販售的，是你喜歡製作、能賣高價及兼具高度專業性和獨特性的物品，例如獨特的珠寶，複雜的模型船、手工綁製的蒼蠅餌、高級訂製服和其他限量生產的物品。建議使用你自己的網站或 Etsy.com 等服務來向全世界展示和販售你的產品。

避免收入太過分散失去主要收入

建立多元收入來源時，儘量鎖定花一點點時間和金錢就能建立和營運的事業。你的最終目標是妥善安排一切，方便你隨時隨地自由工作，或者休假去享受休閒生活。收入來源太過分散可能會讓你失去主要收入來源。

就我所知，真正理解並精通多元收入來源的兩個最佳資源是：《多元收入來源》（*Multiple Streams of Income*）第二版和《從網路賺取多元收入》（*Multiple Streams of Internet Income*）。兩本書的作者都是羅伯．艾倫。

請記得把目前學到的一切加以應用，創造多元收入來源。讓它融入你的願景和目標，用

---

* 如需了解珍奈特在兼職創業機會中會注意的十三個標準、最省事的方法和建議你採用的行銷策略清單，請參閱珍奈特的書《這樣做，馬上能賺錢》。你也可以到 www.InstantIncome.com 領取免費的《十天馬上賺到錢》（*Instant Income 10-Day Turnaround*）指南。

心想像並肯定你正在賺取多元收入，開始閱讀有關書籍和文章，同時和朋友多加討論。根據吸引力法則，你會開始吸引各種機會和想法，再來只要針對你覺得最適合你的機會採取行動就行了。

61 付出越多，得到越多

「萬軍之耶和華說：你們要將當納的十分之一全然送入倉庫，使我家有糧，以此試試我，是否為你們敞開天上的窗戶，傾福與你們。」

——《瑪拉基書》第三章第十節

十一奉獻，也就是把你收入的一〇％捐獻給神的工，包括慈善機構和其他非營利組織以及你的教會、猶太會堂或清真寺，這樣最能保證福氣昌盛。許多全球頂級富豪和成功人士都是虔誠的十一奉獻者。只要定期奉獻十一稅，你也能啟動上帝的全能之力，享受持續賜予你的福氣。

它不僅能幫助他人，也能幫助你。這些好處跨越所有宗教藩籬，能幫助任何懷抱信仰的人士。「付出」是一種簡單的行為，既能與富足的上帝建立靈性同盟，又能培養愛人的心態。十一奉獻強力證明豐衣足食是上帝給祂孩子的恩賜。事實上，祂創造了一個世界，你越成功，大家就越有財富能分享。個人財富的增加幾乎就代表全社會財富的增加*。

十一奉獻的回報

十一奉獻對我和《心靈雞湯》系列的成功絕對發揮關鍵作用。從本系列第一本書出版以來，我和馬克就將部分利潤捐給非營利組織，致力治療患者、讓飢者溫飽、讓無家可歸者得以安歇、弱勢者能有力量、讓未受教育者能上學，以及拯救環境。

我們和出版商及共同作者聯手捐贈數百萬美元給超過一百間組織，包括紅十字會（Red Cross）、基督教女青年會（YWCA）和喜願協會（Make-A-Wish Foundation）。自一九九三年以來，我們與全國植樹節基金會（National Arbor Day Foundation）在黃石國家公園（Yellowstone National Park）種植超過二十五萬棵樹，透過仁人家園（Habitat for Humanity）負擔了蓋遊民之家的費用，透過餵養孩童計畫（Feed the Children）提供全球飢餓人士食物，也透過黃絲帶國際組織（Yellow Ribbon International）防止成千上萬的青少年自殺。我們幸運地能擁有這一切，所以想回饋社會。我們也堅信自己些微的付出將會得到湧泉般的回報。

我們還將部分個人收入捐給自己的教會和其他靈修組織，這些組織會透過靈修和人道事業來提升人類福祉。

我們參與過一個相當令人興奮的計畫：送十萬本《受刑人的心靈雞湯》（*Chicken Soup for the Prisoner's Soul*）給監獄受刑人。這本書本來不計畫公開發行，但它大受歡迎，我們隨即收到數千份來自受刑人家屬、懲教員和監獄單位的請求，他們希望也能拿到這本書。原本單純的公益行為，最後又變成書店架上另一本成功的《心靈雞湯》。這些再再證明了付出一分，就得到十分回報。

十一奉獻的兩種類型

十一奉獻分成兩種。一種是財務上的十一奉獻，最好的解釋是把總收入的一〇％貢獻給你得到靈修指導或你想要支持的慈善工作組織。另一種是時間上的十一奉獻，你可以擔任義

* 保羅．皮爾澤（Paul Zane Pilzer）著，《上帝要你富有》（*God Wants You to Be Rich*），紐約：爐邊出版社（Fireside），一九九七年。

工，服務你的教會、寺廟、猶太會堂、清真寺或任何需要你幫助的慈善機構。目前光是美國就有超過一百萬間慈善機構需要義工。你可以想想自己能為哪些組織貢獻時間和專業知識。

不是為了滿足更多欲望

「自然付出一切，一無所失；人類一無所施，失去一切。」

——詹姆士．艾倫（James Allen），《幸福的領悟》（*Path of Prosperity*）作者

暢銷書《零頭期款》（*Nothing Down*）及《一分鐘億萬富翁》的作者羅伯．艾倫本來並非十一奉獻者，但在他失去一切，財富歸零後，他告訴自己：「等一下。我曾家財萬貫，我本來是教人致富的大師，現在錢都去哪兒了？我一定有做錯的地方。」

羅伯最後努力把錢賺了回來。但一路走來，他學到了寶貴的一課。他對自己說：「我要麼就相信十一奉獻，要麼就不信。相信的話，每個禮拜都要做十一奉獻。我要搞清楚當週收入，而且在當週就要開支票做奉獻。」

他一成為虔誠的十一奉獻者後，他的世界豁然開朗。儘管債務壓得他喘不過氣，他仍對

自己現有的心懷感激。沒多久，新的機會源源不絕地出現。羅伯說，他擁有這麼多機會，要十輩子才能用得完。他相信所有做十一奉獻的人也是如此。

然而，他的親身經歷更有力的證明，是他如何激勵別人做十一奉獻。他記得有個人向他走過來，抱怨道：「我和丈夫做不到十一奉獻，我們連房貸都快付不出來，每個月的生活費要五千美元，月底剩下的錢根本不夠。」

羅伯告誡說：「你們不做十一奉獻是因為你們有欲望。你們做十一奉獻則是因為你們已感到富足。你們已經很幸運了，你們絕對無法完全回報這份福氣。世上有六十億人願意獻出左肺過你們的生活。你們做十一奉獻，是因為你們感激自己幸福至極，能過夢幻的生活。」

羅伯做十一奉獻時從沒想過會有什麼回報，因為他已開悟，天堂之窗戶已向他打開。他做十一奉獻是因為他已領受祝福。

盲目追求財富，反而毀了自己

「若你不再繼續追逐不切實際的欲望，它會釋出洶湧的能量，改變你目前的際遇。」

——琳恩‧崔斯特（Lynne Twist），《金錢的靈魂》（*The Soul of Money*）作者

正如我的好友琳恩崔斯特在《金錢的靈魂》中所說，我們一定要停下腳步，細細檢視自己和金錢的關係，而且要記住：**雖然賺錢能改善生活的許多層面，盲目追求累積財富可能會導致貪婪。這會毀了你自己、你的人際關係和整個環境。**她語重心長地說，多數人淪為盲目追求富足，通常會導致自己變得欲壑難填。

我們常把富足看成是一個目標，我們總有一天會知道自己達到這個目標。但如果我們認為富足便是擁有充裕的事物，那麼富足仍是鏡花水月。然而，富足真的存在。她表示，富足是自然的事實，是一項自然基本法則：富足是存在的，但也是有限的，這造就了現況。

當我們努力擁有更多，我們也正加速消耗環境，使它來不及再生和自我補充。她繼續指出，知足是可達成的目標，也會讓你安適自在。一旦你做到知足，無論在現在還是未來，你就能超越對稀少的恐懼，同時能運用多餘的資源把世界改造成你心目中的美好模樣。

「錢買不到幸福」這句古語終究是正確的。雖然賺錢和功成名就有時令人興奮，有時甚至也不得不為，但也千萬不能因小失大。你的收入高低、你的銀行帳戶和你收藏品並不是讓你在生活中體驗滿足感的根本要素。

把省下來的錢改變世界

我的鄰居湯姆（Tom）喜歡默默奉獻，喜歡出差。他是美國導演協會成員，他的合約規定他不管他飛到世界各地，都必須坐頭等艙。舒適的座椅、美味的食物、受人矚目和香醇美酒對電影拍攝進度很有幫助。他對這些事習以為常，每份工作都會提出這樣的要求。

有一次湯姆要去紐西蘭拍電影。飛機降落後，他問電影製作經理一張經濟艙機票要多少錢，他想帶兒子過來。製作經理表示經濟艙的票價是一千八百美元。他剛剛搭的頭等艙要價七千七百美元！他感到有些愕然，想不到價差這麼大。

起初他想，如果他改搭經濟艙，請電影公司付他差額，他就能多賺將近六千美元。他飛快地想著能拿這六千美元能買什麼。摩托車、旅遊和許多其他商品不斷在他腦海中閃過。

湯姆突然靈光一閃。他想到這幾年來曾遇過一些無法念大學的孩子。湯姆覺得這六千美元絕對能付一些學費。他在這個轉捩點對自己許下一項承諾：他以後不再坐頭等艙，改搭經濟艙，再把差額捐給慈善事業。他第一次這樣做時，他幫某個男生付了一整年的大學學費。這讓他大吃一驚，也頓時明白，搭飛機時坐較不舒適的座位，不僅能幫某人付一年的學費，還可能徹底讓他的人生擁有全新的方向。

奇怪的事情開始發生了。湯姆在經濟艙一樣能認識有趣的人。和湯姆共事的人問他為何不和他們一起坐頭等艙。他說出這筆錢的用途後，當中有些人也開始效法他的做法。他的事業也更加順利。這是因為他做了好事，或者單純是巧合？

湯姆依然搭經濟艙，把票價差額捐給獎學金基金和土地保護慈善機構。他發現舉手之勞和看似微薄的金錢，對某人的生活方向卻可能有重大影響。了解這個道理之後，湯姆的經濟艙座椅變得舒服一些了！

湯姆的經歷充分說明從富足到知足的變化及它對這世界的影響。

企業捐贈回饋社會

回饋社會的企業也會獲得回報。美敦力（Medtronic）董事長兼執行長威廉・H・喬治（William H. George）最近在明尼亞波利的慈善會議中透露，他的公司定期捐出二％的稅前利潤。儘管這幾筆「十一奉獻」一開始只有一百五十萬美元，但公司持續壯大，使他們的總捐款飆漲到四億多美元，單單一年就捐出一千七百萬美元。

最近最讓人感動的捐款大概是泰德・透納（Ted Turner）捐了十億美元給聯合國，以及比爾・蓋茲和梅琳達・蓋茨透過比爾和梅琳達・蓋茨基金會捐出二百八十億美元。但是，你就算不是企業家或超級富豪，也可以回饋社會。不管你貢獻的是時間或金錢，都會大大改變你幫助的人和你自己。也許你會充滿美好的感受，流入你生命的富足感也會變得更澎湃。

緊抓著錢不放，只會限制金錢流動

「金錢好比肥料，施播四處，好處多多，集中一處，奇臭無比。」

——小穆奇森（Junior Murchison），達拉斯牛仔隊（Dallas Cowboys football team）創辦人

如果開放讓他人參與你的成功，或和他們共享財富，就能完成更多任務，取得更高的成就，最後大家都獲得好處。《心靈雞湯》系列大賣的關鍵就是我們決定讓更多的共同作者參與這個流程，儘管這做法讓我和馬克各自分到的版稅比較少（每本書三十或四十美分，而非六十美分），但我們卻能寫完更多書，媒體曝光率更高，書也更暢銷。我們倆人不可能一手包辦收集、編輯、寫書和宣傳兩百多本書。

原本只有兩位作者和兩位助理合作，最後發展成十二位員工，包括兩位編輯、幾位編輯

顧問、兩位編輯助理、一位許可專員、一位行銷主任、一位授權主任、一位新專案主任、幾位助理，和一百位共同作者和近十萬個撰稿人，其中包括逾一百位漫畫家。對於所有參與人士，我們總是盡力公平支付報酬。我們付給員工的薪資一直高於出版業的平均水準，我們為員工訂定了優渥的養老金計畫和同樣豐厚的獎金計畫。員工全部享有六週年假。我們支付給撰稿人的稿費超過四百萬美元，捐給慈善機構的款項也有數百萬美元之譜。我們深信因為這種共享財富的意願而造就的財富已經超過我們本身能賺取的數字。緊抓著錢不放，只會限制金錢的流動。

62 找到一種服務他人的方式

「生命最美的補償，就是人若能誠摯盡心幫助他人，必定也幫助了自己。」

——拉爾夫 沃爾多 愛默生（Ralph Waldo Emerson），美國散文家兼詩人

如果找到服事他人的方式，就能感受到極致的知足和自我滿足。除了因服事他人而使人內心感到真正的快樂，服事他人會讓自己倍加快樂更是一項普世原則。

判斷你重視什麼

花點時間判斷你重視哪些志業和團體？你想解決什麼問題？哪些組織讓你心動？你關心的是讓遊民有地方住、推動藝術、保護受虐者、助人戒癮、提供教育機會、讓飢者溫飽，還

是支持退伍軍人？

如果你熱愛藝術，但覺得學校的藝術教育過於匱乏，你可能會想自願籌措藝術用品資金、自願教授藝術課，或擔任當地藝術博物館解說員。如果你是獨生子，非常想念父母在身邊的日子，你也許會想當大哥哥大姊姊義工。也許你喜歡動物，喜歡幫遭棄養的寵物找一個家。如果你喜歡看書，可以自願為盲人和閱讀障礙人士錄一本書。

自願貢獻自己的才能

許多非營利組織能讓你發揮商業技能，包括管理、會計、行銷、招募義工、募款等。如果你有組織才能，請考慮參與慈善活動。如果你可以輕鬆讓人相信你的事業充滿價值，請考慮在需要你伸出援手的本地慈善機構擔任募款人。如果你是駕輕就熟的高階主管，請考慮在非營利組織擔任董事。

付出多，回報更多

做義工享受到的回報遠高於你的付出。與義工相關的研究顯示，當義工比不當義工的人更長壽、免疫力更強、心臟病發作次數更少、心臟病發作後恢復更快、更有自信、人生更有意義和目標。研究還指出，相較於不當義工的人，年輕時當過義工的人將來具有聲望和高薪工作的可能性更高。擔任義工能有效拓展人脈，通常能帶來商業和生涯發展機會，當然也能交到更多朋友。

當義工也能培養重要的成功技能。許多大公司發現這一點，同時極力鼓勵員工擔任義工。許多公司，如賽福寇（SAFECO）和貝氏堡（Pillsbury），其實還把義工服務納入員工培育計畫，同時做為年度考察流程的一部分。賽福寇的「做義工，鍊技能」計畫協助員工判斷他們想鍛鍊的技能。員工可前往「義工@SAFECO」內部網路，上面有義工活動類型指南，能協助員工在所選擇的領域中尋找可培養的相關能力。然後，員工會和主管討論如何將義工服務新增到個人發展計畫。

許多求才的雇主也指出，他們在面試應徵者時，會看應徵者是否做過義工。因此，撥出時間當義工，能幫助你找到下一份工作，可說是相當划算。

此外，成功有一項關鍵因素，就是打造龐大的人脈，當義工能讓你結交原本根本不可能認識的各類人士。更棒的是，這些人或他們的配偶，往往是對你的專業或族群有關鍵影響力的人。

行善意外帶來的正向影響

迪拉諾斯咖啡烘烤公司（Dillanos Coffee Roasters）的政策是替每位公司員工贊助一位國際兒童基金會的兒童。此舉是為回饋讓公司生意平穩不墜的國家，他們只贊助供應他們公司咖啡豆貨源的國家的孩子，例如瓜地馬拉、哥倫比亞和哥斯大黎加。迪拉諾斯每月贊助三十五美元，每位員工也會與孩子通信，送生日禮物和聖誕禮物，和孩子維持融洽的關係。這項贊助計畫不只讓世界更美好，也證明能大幅鼓舞員工士氣。

雖然該公司純粹為了行善才贊助這些孩子，卻也對公司的財務產生正面影響。在公司走廊的牆面上，張貼著那些由公司贊助的孩子的照片。一位潛在客戶參觀公司時，問了照片的來源，公司向她解釋，照片中的人物是公司透過國際兒童基金會贊助的孩子。這位女士聽了覺得相當感動，她甚至還沒品嚐迪拉諾斯的咖啡，就決定要和這家如此關心兒童和員工的企業做生意。

服事絕對會十倍奉還

服事他人還可能包括將公司的宗旨鎖定在生產有益人類發展的產品和服務。約翰・馬克斯・坦伯頓爵士研究逾二萬家公司超過五十年，他發現只有公司專注提供改善福祉的產品或服務，才能獲得最佳的長期績效。

坦伯頓表示：「無論做什麼事，都應該捫心自問：就長遠來看，這對大眾真的有用嗎？如果是，他做的就是神職工作。我認為商務人士可以放心，如果一個人盡力服事社群，他的事業絕不會低迷，反而會蒸蒸日上。」*

想想這種可能性：如果選擇振奮他人、為人服務，生產能提升人類福祉的產品和服務，專注於付出而非索討，最後你會享受到比付出還豐厚的回報。

這世界總是比較善待付出的人，而非索討的人。我們總自然而然地想支持付出的人。簡單來說，好施者必有所得。

---

* 摘自《宗教與自由》（*Religion and Liberty*），二〇〇〇年十一至十二月，第十卷第六期，阿克頓宗教與自由研究機構之刊物。

油然而生的純粹快樂

肯尼斯．貝林（Kenneth Behring）非常富有，曾多次名列《財富》五百大企業和《富比士》四百大富豪榜，淨資產估計高達四億九千五百萬美元。他出身貧寒，在威斯康辛州長大，靠著送報、除草、當球童賺到他的第一筆薪水，十幾歲時，他則到伐木場和零售店工作。高中畢業後，他賣掉二手車，終於自行經營起一間新車兼二手車車行。他二十七歲就成了百萬富翁，之後搬到佛羅里達，以房地產開發展開事業第二春。他扎根並修建佛羅里達州的塔馬拉克市（Tamarac），後來搬到加州，開發美國頂級住宅社區——黑鷹社區（Blackhawk）。

我在伊利諾州芝加哥的國際成就峰會（International Achievement Summit）結識了他，並聆聽他的演講。他提到他追求幸福生活時，經歷過四個階段。第一階段稱為「多就好」。他在創業初期渴望得到所有基本物品，例如：一輛車、一間房子、一家不斷壯大的企業。他以為擁有這些東西會讓他很高興——但他並不覺得高興。

他把自己人生的第二階段稱為「頂級就好」。他以為如果他有一棟豪宅、一輛更昂貴的名車、一架私人飛機（超大的麥道 DC-9）、一艘遊艇和異國假期，他會很高興——但他並不覺得高興。

他稱人生的第三階段是「特殊就好」。肯尼斯以為自己買錯東西，所以他開始買骨董車，專買名貴的那種。最後他擁有一百多輛車，還開了一間汽車博物館來展示他的車，那可是當時全球最豐富的骨董車收藏。不過他仍在苦尋他的快樂泉源，他決定和他的夥伴肯・霍夫曼（Ken Hofmann）聯手買下美國美式足球大聯盟西雅圖海鷹隊（Seahawks）。他以為如果他有一支職業美式足球隊，他就能和好友一起坐在老闆專屬的包廂裡，或能在球場上和更衣室裡和球員打成一片，而這些事會讓他覺得高興——但他並不覺得高興。

他人生第四個階段的起點，是有位好友問肯尼斯，他坐私人飛機結束非洲旅遊時，方不方便在羅馬尼亞暫停一下，幫忙把六輛輪椅送到當地的醫院。在那趟旅程中，肯尼斯把一位喪妻的中風老人抬到輪椅上。這個經歷徹底改變了他。那個男子動容落淚，肯尼斯發現自己從沒這樣被深深地感動過，一種前所未有的感恩和喜悅油然而生。

受到那段經歷的啟發，他回家後便創立輪椅基金會（Wheelchair Foundation）。這間基金會為發展中國家無力負擔輪椅的肢體殘障人士免費提供輪椅。截至二〇一四年，輪椅基金會捐贈給全球一百五十二國的輪椅已超過九十四萬台。

隔年，肯尼斯送輪椅給墨西哥市一名殘障、失明又體弱的十一歲男孩。男孩想感謝他，所以肯尼斯彎腰握住他的雙手，讓他能知道肯尼斯在什麼地方。淚眼婆娑的男孩透過翻譯告訴他：「我現在看不見你，但我們會在天堂相見，到時我再謝你一次。」這句話深深觸動了肯尼斯，以至於一時語塞難以回應他。之後肯尼斯對我們說：「那是我這輩子第一次感受到純粹的快樂*。」

你也一定要找到服事世人的方式。

「因為付出便有所得。」

——聖方濟亞西西（St. Francis of Assisi）

* 肯尼斯．貝林出版過一本回憶錄，書名是《人生真諦之路》（*Road to Purpose*），這本書非常鼓舞人心。

第6章

縱橫數位時代

「讓我對數位時代感到期待、讓我個人感到興奮的是，夢想和行動更接近了。以前如果想錄製一首歌，需要有一間錄音室和一個製作人。現在只要有一台筆電就夠了。如果想拍電影，會需要一大堆的設備和好萊塢級預算；現在只要一台掌心大小的相機，再花幾塊錢買一片空白DVD就行。想像力已掙脫舊有桎梏。」

——波諾（Bono），愛爾蘭搖滾樂團U2主唱、創投家及慈善家

63 駕馭你所需要的科技

「科技本應讓生活更輕鬆，提高我們做事的效率和效果，但它好像常把事情變得更艱難，逼我們使用裝了五十顆按鍵的遙控器、有數百種神祕功能的數位相機，以及儀表板堪稱太空梭等級的汽車。」

——詹姆斯·蘇羅維茨基（James Surowiecki），《紐約客》（*The New Yorker*）雜誌商務金融專欄作家

自第一版《成功準則》出版以來，一場數位革命掀起了變革的浪潮，深深改變了我們生活的世界。過去二十年，這場變革的推動力，在於每年科技升級越來越強大，導致運算和網路連線成本降低九八％，預計這項趨勢日後將加速。

二十年後，電腦將比當初發明時的速度加快約一百萬倍，體積小一百萬倍、價格便宜一千倍。那些公認能把數位世界融入實際世界的「爆炸性科技」，如3D列印、機器人科

技、自動駕駛車、奈米材料和計算生物學等新科技，在未來二十年能造就過去兩百年未曾經歷過的許多突破，讓我們享受更富足的生活。

數千家能成功高飛的新創企業將成立，創造數百萬個全新的高薪工作。事實上，人類最後很可能會發展出滿足並超越地球上所有男女和小孩基本需求的能力。這個星球的富足全在我們的掌握之中。

「當我思及創造富足的世界，重點並非為這個星球上的眾生打造奢華的生活；建立充滿可能性的生活才是重點。」

——彼得．戴曼迪斯（Peter Diamandis），《富足》（*Abundance*）作者

令人又喜又懼的是，任何人只要能上網，就能得到前所未有的資訊量，但這也衍生出一個問題，Lotus 1-2-3 試算表發明人米奇．卡普爾（Mitch Kapor）說：「從網路取得資訊，宛如打開消防栓喝水。」

這樣的加速改變了成功的規則。

達到超級成功的必備知識，過去要好幾年才能累積學會，但在數位時代，這些知識不僅唾手可得，而且不費吹灰之力就能得到豐富資訊，資訊甚至多得讓你難以消化。網路上的確

有數百萬個網站、影片和電子學習資源，能讓你成為成功人士。

資源和資訊過多，導致在數位時代達成目標需要更勤奮地管理時間、資訊和生活。這些新科技固然讓人興奮，但一不小心，你就會淹沒其中。你很可能無意識地上網好幾小時，從某個有趣的網站、YouTube影片和臉書貼文轉到下一個網站，若是不留意，最後可能會迷失在充斥著迷人但無關緊要的資訊迷宮中。**資訊固然有用，但成功的關鍵在於誘發你採取實際行動的資訊。**

進行一個月的低資訊飲食

在提摩西·費里斯的劃時代巨著《一週工作4小時》*中，他解決了資訊超載的問題，同時提倡進行低資訊飲食。就像我們的飲食，往往攝取過多卡路里，而且是毫無營養價值的卡路里，對於資訊亦同，我們攝取太多資訊，而且通常是毫無價值的資訊。報紙、雜誌、書籍、電視和網路提供的資訊多半都在浪費我們的時間，而且通常很負面，與我們的目標無關，你也通常無法影響或改變它。

提摩西建議，除非是為了休閒而閱讀小說，你閱讀的資訊都要有目的。就像我在寫這本書時一樣，儘管寫作題材主要來自我的自身經歷，但當我需要其他作者的書中資訊時，我只會閱讀與我所寫的內容有直接相關的部分。如果是因為有趣，那我一下子就會深陷其中，不斷讀下去。

上網也是如此。在《赫芬頓郵報》（*Huffington Post*）尋找資訊時，很難不看到其他文章：「三種潛伏在冰塊裡的噁心東西」、「晒太陽的四大好處」和「華爾街的祕密武器——國會」，這些標題都很有趣、很吸引人，但和完成本書毫無相關。我們很容易無意識地沉迷於閱讀隨機文章和部落格，每篇文章和部落格都會引導你去讀其他一樣有趣的文章，所以你一定要自律。

提摩西接著推薦大家進行為期一週媒體禁食，這表示沒有報紙、雜誌、有聲書或非音樂電台。不准上新聞網站。除了每晚看一小時打發時間，不准看電視。除了看小說一小時，不准讀書。除非必須完成當天的工作，否則不要在辦公桌前上網。他建議，如果想了解新聞大事，可以在午休時問朋友或服務生：「今天有什麼全球大事嗎？我今天買不到報紙。」

最後，他建議養成問自己這個問題的習慣：「這些是關乎急事和大事的資訊嗎？」如果

*《一週工作4小時》是我認為關於善用科技革命卻不深受其害的最佳書籍，各位一定要讀一讀。這本書充滿了珍貴的資訊和超過一百個應用程式、網站和線上工具，可以提高工作效率，讓生活更輕鬆。

答案是否定的，請不要吸收。

我最近參加了為期一週的媒體禁食，一開始我很緊張，因為我不能如常每天看CNN、《赫芬頓郵報》和一些我常看的雜誌，如《彭博商業周刊》（*Bloomberg Business Week*）、《快速企業》、《成功》（*Success*）、《今日心理學》（*Psychology Today*）和《心智科學》（*Science of Mind*），但我發現多了一些時間來達成我最優先的目標，也和妻子散散步、運動、打坐和彈吉他。結果，我取消訂閱許多在我辦公室和家裡堆積如山的旅遊、美食和新聞雜誌。

《聰明人的個人發展》（*Personal Development for Smart People*）的作者史蒂夫·帕沃利亞（Steve Pavlina），建議嘗試新行為至少三十天。如果一個月不看電視會怎樣？一個月不看新聞呢？或者一個月不看報紙或雜誌？我所有試過這種資訊排毒法的學生，都說他們的快樂和生產力都有驚人的突破。我鼓勵大家試試看。

科技不可怕，讓我們變更聰明

數位時代除了帶給我們知識和人脈，還賜予我們大量的科技裝置和進修工具，讓我們變得更聰明，讓我們絕對不失約，能和教練一同研究和工作，尋找導師和夥伴，以及學習新技能。你的智慧型手機裡有超過一百萬個包羅萬象的學習應用程式，還有數十種幫助你培養成功心態的應用程式。我們活在一個美好的時代，也是成長茁壯的完美時代。

科技不再可怕，它威力強大，可供我們得到夢想的生活。可惜，許多人覺得科技太嚇人，或覺得自己是不懂科技的老人，不懂科技實際上很「酷」，不必避之唯恐不及。就像十九世紀初的盧德派人士（Luddites），他們是英國紡織工人，抗議新研發的省力機器，現在也有許多人選擇了抗議新科技這條路，而非進步的康莊大道。

我在準則三十一說過，變化分兩種：週期性變化和結構性變化，而接納新事物能讓你享受更好的環境、更多的財富、更多的閒暇時間或其他出乎意料的好處。數位時代不只屬於某種會自我修正的週期性變化，我們也生活在結構性變化深刻又普遍的時代，已沒有回頭路，抗拒這種變化就會被淘汰。反之，若接納和善用這種變化，就能早日到達成功的彼岸。

當然，好消息是這些新事物全都很好理解。想提升成就所必須使用的新事物，只要學習就能精通。但是，在這個偉大的新時代，裝置、平台、入口網站、網頁、服務、軟體程式和其他產品多如牛毛，該怎麼選擇？更重要的是，要如何才能掌握每種工具的使用之道，進而得到所有好處而非被打敗？

該制定一些方針，妥善掌控我們的科技了。

運用科技實現好點子

有一位數位生活專家送我一句金玉良言：「科技不應成為成功的火車頭。」換句話說，**好點子才是最重要的，科技只是實現好點子的助手**。不要因為裝置唾手可得就全盤接受。你要問的是：「如何在旅行時有效管理電子郵件？或者該怎麼把作品放上網路，畫廊老闆才會委託展示？」然後才去找那些能支持這個好點子的科技。

路卡斯．雅可比亞克（ukasz Jakóbiak）想要推出自己的電視節目，最後僅在他位於波蘭華沙的二十平方公尺公寓裡，便製作出歐洲熱門節目。他租不起攝影棚和製作節目的昂貴設備，更不可能和大電視台談發行權，因為這是毫無實績的新創專案。

他只有一台筆電、網際網路和一間小公寓，那間小公寓還只是波蘭政府經濟住宅計畫蓋的數千間膠囊公寓的其中一間。

我在東歐媒體之旅時接受了路卡斯的採訪，節目完成後呈現的品質讓我訝異。節目名稱取得恰如其分：《二十平方公尺》（*20m2*）。然而，當初我去錄影，看到路卡斯的生活空間時，裡面只有一張床、一間小廚房和照明設備，兩張廚房椅子前方放了小型三腳架，上面架了兩支蘋果手機，讓我不是很放心。

如今，路卡斯自己用筆電剪輯節目並在網路上「播放」，對於數百萬個用行動裝置觀賞獨立製作電視節目，而非坐在客廳看大電視台節目的觀眾來說，這是完美的選擇*。路卡斯找到善用科技來支持好點子的方法。你能採取哪些其他的方式來控管及善用科技，以便發揮自身優勢？

裝置需要專業分工

科技革命的一大挑戰，就是多數裝置都具備許多功能。我們用智慧型手機看電子郵件、發簡訊、上網、打電話和拍照；也可以用平板電腦上課、製作影片、看電視和讀電子書。我們的筆電和桌機用途更廣泛。

但這麼多的功能讓我注意到一點：因為我們可以在許多裝置執行各種任務，所以現在任何時刻，常常白天（和晚上）都會隨手拿身邊的裝置隨機多工作業，幾乎不去思考事情的輕重緩急，沒有專注在完成攸關成敗的具體任務。結果是科技開始擾亂我們的生活，而非只是一種工具。這些「即時」功能的另一個缺點是，它讓大家誤以為所有迫切的事都能立即得到

* 在 YouTube 搜尋欄輸入「20m2 lukasza」就能找到路卡斯的節目《二十平方公尺》。各位甚至可以觀看他採訪我的影片（20m2 lukasza odcinek 101）。對白是英語，附波蘭語字幕，但他的其他影片都是波蘭語。

回應。

我想提出一項激進的概念，請大家改變做法。與其把科技分工給不同的裝置，不如深思熟慮及專注地發揮裝置原有的功能。在建立工作所需的文件、製作試算表、寫部落格、做專案、發電郵時，請使用你的桌機或筆電。這種「重量級」的工作任務正是它的設計初衷。當你結束工作，想要「吸收」資訊（也就是看書、瀏覽社群網站、上網、閱讀雜誌、觀賞影片）時，請打開平板電腦，因為「吸收」是它的原有用途。那智慧型手機呢？請用來和大家通訊，例如：打電話、發簡訊、閱後即焚地簡短聊天、玩ＩＧ和發即時動態。

「專業分工」理念的好處，不僅在於你能專心處理手頭上的任務，你也能更專注在正與你互動的人身上。如果你曾和正在用 Skype、上網和發簡訊的人講電話，就能體會這種對方人在心不在，以及他們對眼前的事毫不在意的感受。

如果你覺得完全無法放棄行動裝置，就算只要放棄你坐在桌機前的幾小時也不行，請想想如果沒有許多裝置的鈴聲、彈跳視窗……提醒你幾十件其實可以晚點說的事，沒有這些事來干擾你，你的效率可以提升多少。

把最重要的網站設在書籤工具列

就算每次開始輸入位址時，瀏覽器視窗都會彈出預測選項名單，但你每週輸入最愛網站位址時所花的「心理時間」，也會讓嚇你一大跳。把這些URL設定到瀏覽器書籤工具列會省時很多。

善用密碼管理員

同樣地，花時間搜尋密碼或隨時印出最新清單、努力記下（或建立）新密碼，是多數人在數位時代感到又沮喪又氣惱的麻煩事。這和在網路上尋找你建立過的帳戶登入頁面，以及回憶用戶名稱所花的時間相比，又是小巫見大巫。

為了省時和保險起見，密碼管理員會記住你的網站，打開正確的登入網頁（通常與首頁不同），建立高度安全的密碼，這些結合字母和數字的字串密碼連天才科學家都記不住。密碼管理員也會在每次你要登入線上服務、會員網站、社群媒體頁面或其他網頁時，自動填入你的用戶名稱和密碼。

一旦你要從受密碼保護的網站離開，一定要養成登出的習慣，避免身分遭竊、密碼被盜以及登入資訊安全性受到威脅。一旦個人資訊被盜，要解決這個問題將花費非常多的時間。登入的網站如果有你的詳細財務資訊，請務必小心。一定要登出線上服務，不要只是關閉瀏覽器，才能避免這個燙手山芋。

善用雲端，安全又方便

雲端儲存，亦即透過 Dropbox、Google Drive 和 Apple 的 iCloud 等公司服務，將文件上傳到網路「硬碟」，是這個時代的重大行為轉變，目前這已是數百萬人省時又安全的主要做法。

雲端儲存並非將檔案儲存在桌機或筆電上，而是透過一種服務來儲存文件、照片、電影、應用程式和其他檔案，這種服務利用整個網路基礎設施為其儲存空間。雖然最初只用來儲存音樂、照片、電影等記憶體需求密集型的檔案，但現在已經成為企業和個人的整體儲存方案。

只要將工作檔案上傳到雲端，隨時隨地都能取得——只要你能上網就行了。很多人會買低容量硬碟的筆電，再把大部分的文件儲存在雲端。雖然讓服務業者和不太可靠的科技掌握重要資料感覺的確很可怕，但雲端好處多多。只要你訂定規則，劃分出哪些是能儲存在雲端的內容，哪些是絕對必須保密的內容，只能儲存在家中或公司的私人電腦中。

你可以將檔案完整儲存在雲端中（例如把 Dropbox 當成主要硬碟），也可以把檔案存在自己的硬碟，但備份到雲端服務，這樣就能高枕無憂了。雖然自動備份軟體已問世多年，但多數人要麼不設定自動儲存，要麼沒有連線到儲存裝置。我同事的辦公室曾被闖空門，被偷了七台電腦，所有的座談會講義、行銷活動、產品圖稿、手稿和其他檔案全都不見了。但因為檔案全都備份到實體硬碟和雲端硬碟中，因此買了新電腦後，一天內就恢復營業。

承認你對數位資料和資訊沒有隱私權

大家起初不放心使用雲端儲存的原因就是隱私，就是這麼簡單的一個原因。我的檔案會不會被駭？服務業者會不會看我的財務報表？我上傳檔案時，其他人會不會下載或轉傳？這些都是合理的疑問。雖然雲端儲存受密碼保護，又有許多安全措施，但請注意，數位時代有一大缺點：無法寄望網路有百分之百的隱私權。每天新聞都在報導，駭客能從你建立帳戶的網站複製你的密碼，電郵可以在中途遭到抓取和閱讀。別人能在你的臉書頁面得到照片，眨眼之間發布到其他地方，任何類型的數位檔案都能如法炮製。

我建議各位以保有隱私是奢望為前提過數位生活，在網上發文、上傳檔案、傳送電子郵件或說話時都要小心翼翼。需要百分之百隱私權的組織自然有辦法如願，但目前費用很昂貴。請各位聽我的勸，萬事小心。

我很自豪能夠成為Sgrouples的顧問委員。這是類似臉書的社群網站平台，而且前提是高度隱私又安全＊。在Sgrouples，你可以謹慎地與現實中的好友、社群和親人分享你的生活、你的成就，甚至人生挑戰，你不必擔心會有意外的公開傳播，或不小心與陌生人分享了私密資訊，或資料遭陌生人分析與抓取。快去Sgrouples一探究竟。

每月費用控管

最後一種掌控生活科技的方法，是對已註冊的持續服務控管成本。數百萬人忘了曾訂閱某些服務，卻仍在支付費用（透過信用卡自動扣款）。但是，定期檢查信用卡帳單讓你有機會檢查服務名單，看看哪些需要取消或重新評估，特別是如果你發現有更新、更便宜的選擇，更需要進行重新評估。

如果你是企業主，但負責會計工作的是別人，這一點尤其重要。有位朋友是廣告公司的老闆，最近他取消多年前簽訂的服務，每月節省將近一千五百美元，相當於每年大約一萬八千美元，而這筆經費絕對有更好的用途。

請人教你，快速學習

沒有人全盤了解數位生活，每種活動都能找到許多訓練課程和技術支援，所以不必擔心你必須樣樣精通。選擇你追求目標所需要了解的活動，找人指導，迅速上手後繼續往前進。

執行七天科技週轉期

如同我建議過列出令你不快和煩惱的名單（見準則二十八），你也該單獨列出科技煩惱清單。清單一旦列出，就能開始整理，你可以自己做或請人代勞。如果專心執行流程，完成科技週轉期可能需要七天（或更短）的時間。

* 你可以在 Sgrouples.com 閱讀 Sgrouples 隱私權政策及建立個人檔案的詳細資訊。

減少使用手機和電子郵件的時間

現今，許多人採取「極端」的手段奪回生活掌控權：他們放棄使用手機和電子郵件。科技革命的初衷是讓生活更輕鬆。但電子郵件大為盛行，大家也都買得起手機之後，近二十年來，我們大多都淹沒在不必要的電子郵件中（更別提垃圾郵件了）。

我認識的許多商務人士，每天花三到四小時回覆電子郵件。我也是曾是其中一位。現在，我的助理會打開我的電郵，只給我看需要回覆的重要郵件（每天大約五封）。

有些人連購物、外食或度假時都要帶手機——不是一次，而是許多次。這是全球日益盛行的趨勢。我還是會帶手機，但除非我在等重要電話或必須打電話，不然我不會打開手機。手機和電子郵件的即時通訊功能，產生了即時回應的期望。如果對方知道你的手機號碼，也會知道能馬上連絡到你，好解決當下的需求。電子郵件的訊息幾分鐘內就會送達，所以大家預料你也會以相同的速度迅速回應。你在提供手機號碼和電郵地址時，就暗示對方可以對你提出這些要求。但想像一下：如果你每天不必讀幾十封不重要的電郵，不必對這些直接需求做出回應，您會空出很多時間，也能重拾生活主控權。

最近，我與一家大型出版社的四位高層共進午餐。他們都在抱怨電子郵件如雪片般飛來，讓他們不堪負荷（每天多達一百五十封），大部分還是在公司內部產生的郵件。

我問他們有多少封對他的工作至關緊要，答案好像是一〇%到二〇%。我問他們為什麼不直接請其他人把他們從全體發送清單中刪掉，他們說怕傷到他們的心，他們好像寧可受苦也不願解決問題。想想不敢拒絕並改變現狀會有什麼後果，如果他們能將不重要的電郵訊息砍半，每個工作日就能騰出九十分鐘處理更重要的工作，也可以在合理的時間回家。這樣合計高達三百七十五小時，等於一年超過九個四十小時工作週，相當於兩個多月的寶貴時光。就算讓人不高興幾天也很划算吧？

64 用網路創造個人品牌*

「線上個人品牌的關鍵不是你，而是品牌內容：如何吸引他人和你聊聊，更甚者，讓人聊聊你？」

——馬修・卡帕拉（Matthew Capala），《做一個超凡出眾的人》（*Away with the Average*）作者、紐約大學兼職教授及SearchDecoder.com創辦人

數萬名網路用戶每天上網時，幾乎沒有意識到自己在數位世界勾勒出怎樣的形象。他們在備受爭議的部落格發表煽動性的評論，在推特發布空洞的個人生活資訊，在個人臉書頁面公開具有疑慮的照片，在YouTube上傳關於個人嗜好、開派對、假期生活、和朋友相關的影片以及專業短片，完全不考慮這些雜亂無章的資訊整體勾勒出怎樣的個人形象。雖然這些內容大多可以刪除，但它們通常會永遠留在網路上，潛在雇主、投資人、銀行信貸人員，甚至第一次約會的對象，都能馬上搜尋到這些公開的內容。

另一方面，成功人士會謹慎管理自己的線上人物誌。他們發布的資訊，只會有利於自己對全世界傳達的形象。即使在表達自身觀點以及在網路表達自己的個性時，也會考慮這個舉動所引發的效應。他們掌握了個中訣竅，知道如何表現出幹練、權威及受人敬重的形象，如此一來，不管網路搜尋到怎樣的結果，他們都是值得傾聽、形象良好的人。

你的網路形象對你有什麼影響？

消費性品牌龍頭會針對自家產品和服務精心設計宣傳內容，**你也應該把自己打造成精心開發、管理和維護的線上「品牌」**。即使你目前的「生活企劃」只是清理社區公園、獲得升遷、贏得地區性田徑比賽、成為當地園藝社社長，或其他與事業無關的事，你一樣可以打造線上形象，激發他人助你一臂之力，讓大家期待與你共襄盛舉，並推動你立志達成的任何志業。這項守則不僅限於商務人士。事實上，由於社群媒體崛起，個人品牌儼然成為迅速成長且唾手可得的一大利器。

---

* 本章是我的共同作者珍奈特．斯威策、摩西．馬（Moses Ma）和我之間重大合作的成果。針對科技領域的創新，尤其是在突破性成功、個人成長和加速事業發展等領域的創新，摩西是我的首席顧問。他是次世代創投公司（Next Generation Ventures）的管理合夥人。這家公司位於加州舊金山市，從事創業加速器和策略顧問工作。

個人品牌不是名人專利

雖然許多人覺得只有名人能建立個人品牌，但其實臉書、領英（LinkedIn）、Sgrouples、Pinterest、Google+、Tumblr、Instagram和YouTube等平台賦予所有人成為品牌的機會。若想建立個人品牌，建議效法名人或企業品牌採用的策略來吸引他人。我們可以像他們一樣建立品牌資產。當然，只要開始定義你的個人品牌，就能看到有哪些重大的好處。首先，創立個人品牌時，你必須清楚了解自身希望實現的目標，以便協助你設定階段性任務並加以實現。你可以藉由個人品牌創造知名度和存在感（Presence），進而吸引能協助你達成目標（及加速達成目標）的貴人，但它也能賦予你掌控自身事業的力量。擁有強大的個人品牌能強化你因應世事變化的韌性。例如，強大的企業品牌擁有獨特性，因此即使在經濟艱困和低迷的局面，依然能達成目標。如果我們選擇建立品牌來建立市場區隔，我們也能做得到！

財富五百強企業深知其市值有八成以上取決於自己的「無形資產」，包括品牌和其他智識資本。這個數字套用在個人品牌也成立。**你的「市場價值」有八成是以你睿智的思維和你在這世上的個人品牌形象優劣為基礎**。因此，你珍貴的個人品牌便是你的搖錢樹。

那麼，建立線上個人品牌有哪些步驟？

步驟 1：決定你想成為誰

如果你是冀望將來能升遷，甚至成為執行長或高階主管的職場專業人士，應該明白許多將來會與你一較長短的勁敵，他們已經在線上將自己包裝成極具才幹、懷抱遠見又炙手可熱的不世之才，換句話說，部分明智的公司會覺得這些人是一筆報酬率頗高的投資。許多企業高階主管還寫書、發表演講、獲得媒體採訪機會、參加產業活動，甚至請了公關和行銷機構。他們知道在殺紅眼的就業市場，公司會認為在該領域脫穎而出的求職者錄用後能帶來更多獲利。

如果你是小企業主或顧問，務必要在線上發表正確的資訊，因為潛在客戶可能已經在其他數十家（就算沒有數百家）公司身上砸下大筆支出，而且這些勁敵已經在線上架好專業網站、放上具公信力的文章及行銷和社群媒體資料，告訴潛在客戶可以安心花這筆錢。

就連非營利組織也必須和其他慈善事業競爭，好獲得捐款，因此線上品牌是不可忽視的要素。如果你是新銳音樂家、舞蹈家、運動員或年輕作家，搞不好你線上的某個形象很令人感興趣，對你的未來會大有助益，誰知道呢？

想要建立能提升職涯、業務或事業的線上人物誌或「品牌」，建議你發布能將自己包裝成有益於潛在雇主、客戶、投資人或贊助人的內容。

確定想要觸及的市場

如果你建立了一個十萬人的網路，這些成員都能協助你的事業，或能提供你新的機會，你希望這十萬人是誰？或者，你的知識、專長或觀點最能嘉惠哪些類型的人士？他們是不是同產業的人士？還是他們是對你的研究領域有興趣的人？或者是嗜好、裝飾理念、時尚感或娛樂偏好和你相同的隨機消費者？

就算你不是博士或知名網紅，也能擁有一批追蹤者或樹立專家形象。即使你是大學生、全職媽媽或企業員工，只要你懷抱遠大的志向，把實用資訊和觀點傳達給他人，那些人也能因為追蹤你的「作品」而發現價值或樂趣。

因為你終將持續提供建議和更新來滋養這些追蹤者，所以你的目標務必是你最熱愛、也能為你的未來提供最大利益的市場。如果你是企業或顧問公司的老闆，選擇市場的流程就更為重要。

在決定目標市場時，一定要仔細用谷歌網站搜尋自己一下。你想讓大家看到這樣的搜尋結果嗎？接著，搜尋一下主要競爭者的名字。你搜尋到怎樣的結果？

動手寫部落格並建立網站

寫部落格可能是在網路上改善品牌的最佳方式。寫下你的想法、分享你的經歷，如果有人提問或評論部落格文章，好好協助他們，都有助於建立你的個人品牌可信度，也能建立你和你的品牌在網路上的知名度。一方面，谷歌喜歡部落格，只要你的名字出現在谷歌上，他們會馬上把你發布過的任何文章加入索引結果（出現在谷歌搜尋引擎上），而這過程只要幾分鐘。不但如此，你還能在追蹤者心中建立可靠度和信任感。建立部落格很簡單，只要點擊幾下就能開始。

有個相當簡單的部落格平台，是 www.wordpress.com 的 WordPress。上面的主題色彩選擇相當豐富，你可以在「關於我」頁面加入自傳，輕鬆上傳網路上零版稅的攝影資源照片，並快速管理部落格評論權限。WordPress 相當簡單好用，而且開發出相當多的插件（或附加功能），所以大家現在常用此來建立整個網站。雖然它不再只是部落格專用，仍是能相當簡便使用的部落格平台。不僅如此，它已經問世很久，數不清的 WordPress 接案族能協助你創業。有興趣的話，可以把你的部落格專案發布在 Elance.com 上；如果想找到超低成本的助手，可以試試 Fiverr.com，這是一個集結全球接案族的網站。最低只要花五美元就能請他們協助小案件。

在建立部落格時，建議想出一個和你真名有關的流行語、字詞或實際商標名稱。例如，在網路數千個網頁搜尋「成功準則」這個商標名稱時，會顯示我的名字和這個字詞有關。多年來，我旗下由麗莎．威廉斯（Lisa Williams）領導的行銷團隊一直胼手胝足地創造這項成果。我們現在可謂「擁有」這個字詞。在「成功準則」之前，我的流行語或商標名稱是「心靈雞湯」。

當然，一旦開始寫部落格，就該思考網站對你有什麼好處。除了你的部落格之外，網站頁面還可描述你要販售的產品或服務，詳細說明如何聘請你擔任顧問，以及如何取得免費指南或其他工作範本的表格（這樣就能取得他們的電郵地址，方便將來行銷之用），對外也能樹立你是業界權威的形象。如果你是藝術家或攝影師，建議你展示你的藝術作品。如果你是餐廳老闆，可以提供新客優惠券。如果你是公司高階主管，建議提供可演講時段及主題相關資訊。如果你是企業主，這個網站一天二十四小時都能帶來實際銷售量，只要你願意，銷售版圖可遍及全球。

建立關鍵社群媒體個人檔案

部落格和網站建好之後，你的社群媒體追蹤者就有了目的地，在這裡，大家能了解如何與你合作（或向你購物）。**你的部落格會分享你對專業或產業的知識和觀點，而你的網站能提供解決方案**。

社群媒體是你連繫、分享連結和經營人脈的天地，但不是你公然銷售的地方。你可以在社群媒體分享引子和你最新部落格文章的連結，一旦你將潛在客戶從社群媒體吸引到你的部落格，而每篇部落格文章又都以網站連結當結尾，就能把讀者帶往你的網站，藉此讓他們了解與你合作或購物的方式。

現在這個時代，如果你在任何領域自稱權威，卻連臉書和領英個人檔案都沒有，大家不會認為你是「真正的」專家。再者，建立個人臉書或升級你的臉書專頁是很簡單的事，你可以開始將自己定位成與你個人品牌相關的資訊、協助和建議的首選來源。你可以公布實用主題的短片，可以針對單一主題提出精簡的建議，可以請追蹤者填市場調查、舉辦比賽、讓他們參與你最新的專案，甚至可以刊登廣告，吸引更多人加入你的「網路」。

如果你是職場專業人士或企業主，領英這個社群網站更重要。該網站全球會員超過二億五千萬人（比二〇〇七年的八百五十萬人增加許多），可謂全球最大的專業網站，它不僅提供你和事業貴人交流的好機會，更是新顧客和新客戶的理想招募平台。

根據你的個人品牌和你分享的建議或資訊，你可以善用其他社群網站，包括 Google+、Pinterest、YouTube 及數千個特定主題或議題的網站。

定期發文

當然，社群網站個人檔案一旦建立完畢，最好要定期發文。太久沒發文是大忌，大家會認為你漫不經心又不專業，就算你可能好幾週或好幾個月都沒有大事可以說也一樣。有些專家建議，無法經營社群媒體頁面的時候，可以暫時關閉，等到可以再次經營時再打開。打造品牌需要勤奮和努力，請秉持積極的態度並維持交流。畢竟，交流才是社群媒體存在的原因。

少發可能脫離「品牌」主軸的私人內容

最後，建議你儘量少在網路公布個人及非專業資訊，若要發布，至少發布在只有親友能看到的社群媒體頁面。除非你的生活、家庭活動、感情、派對、假期和其他領域的個人生活是品牌的部分元素，不然請在能讓你限制分享對象的社群媒體分享這些私密內容。發布個人照片、觀點、推文和休閒活動的詳細資訊，如此公開私人生活，會損及你的品牌，也會讓追蹤者評斷你，甚至可能因此質疑你的專業性。在網路世界要展現真誠優雅，不要公開大部分的私人生活。

我的一位同事就是完美的例子。她不僅是國際知名的商務專家及暢銷書作家，也是得獎無數的花藝設計師、流行設計講師和出過書的花藝家。她曾兩度獲評年度最佳花藝師，到世界各地參加花藝展，贏得無數獎項，甚至有望成為國家認可的花藝展評審。儘管她大可針對這些嗜好發布正面內容，但她的網頁上絕不會有她的花藝作品照或她的花卉設計講座邀請函——至少不會是她發的。

為什麼？因為她小心翼翼地塑造出更重要的角色——資深商業策略家、出過書的商業作家和知名演說者。她知道網路內容散播得很快，也很容易讓潛在客戶感到困惑，因此她選擇避開自己的嗜好，以免吸引到會分散注意力的鎂光燈。

步驟2：確保線上內容能提升你的「品牌」

谷歌現在每天執行名字搜尋近二十億次*，這將近是美國和歐洲所有人口的總和。更重要的是，《華盛頓郵報》（*Washington Post*）報導指出，七五%的人資專業人士必須在線上

* 賓州州立大學的一項研究發現，在谷歌每日執行的約六十億次搜尋中，約有三〇%（相當於十八億次搜尋）是搜尋人名。

研究求職者，其中高達七〇％的人資專員曾在搜尋後拒絕求職者。他們考慮不僱用求職者的最大因素是什麼？求職者在自己的社群網站，甚至朋友的頁面發布具挑逗性的照片。這個趨勢已是年輕專業人士的職涯殺手，導致某所大學甚至為準畢業生購買名譽管理服務，也就是請專家在線上搜尋可疑內容並加以刪除。

你今天在網路世界的一言一行都可能影響你未來的職涯。那麼，該怎麼傳達線上角色，才能提升你的品牌並與市場建立融洽的關係，就像成功人士一樣？

貫徹你的品牌

《敏捷創新》（*Agile Innovation*）一書的共同作者摩西・馬（Moses Ma）建議貫徹你的品牌，意即完全貫徹、思考、打造和展現你所追尋的理想。

多數人只會想出幾句話，放入自己的社群網站個人資料。**想要真正成功，一定要管理自己的思維，注意自己的言行，了解你的朋友、夥伴、客戶、潛在客戶、供應商、同事……所有網民對你的看法**。如果標榜自己是某領域的專家，一定要樂於助人、見聞廣博、富有見地，不僅對付費的客戶如此，對每個人也都一樣。無論你在何處發文、評論或上傳，都請分享你的一些「祕訣」。如果你有創新精神，儘量展現出來。如果你是一位出色的教練，請不要只是放上推薦文，你可以透過部落格提供他人一些指導方針。

盡情參與

網路提供了和他人互動的大好機會。不要註冊後就潛水，而是要參與對話，對他人的活動表達真誠的興趣，提供能幫助對方的事實、聯絡人姓名、想法或其他實用資訊，貢獻社群，先想施、再想得。你不只該追蹤和評論他人的部落格貼文，給予他人鼓勵，更該努力經營推特（Twitter），關注他人並發布趣聞花絮。要了解個中之道，知道關鍵字標籤（hashtag）和 HootSuite* 是什麼。讓你的化名（Handle）、虛擬化身（Avatar）† 和桌布傳達你的個人品牌。

---

* HootSuite 為一種社交媒體管理工具，能幫助用戶統整規劃、安排多個社群網站的發文與後台數據分析。

† 虛擬化身是你在網上發文、評論部落格、玩遊戲或參與虛擬世界時，選擇用來代表你（或你的另一個自我）的用戶名稱、圖片或圖形。

培養你的線上存在感

對方在聚會時只聊自己，或當你回話時他在發呆，這樣的感覺最糟糕。網路也不例外。「存在」於網路上代表你要對他人更感興趣，不能自顧自地傳達自己的訊息，你要思考他們是誰？對什麼感興趣？怎樣才會快樂？怎樣才會讓他們興奮？就算你在聊天板看其他人的評論時，也該全神貫注。一旦有了同理心，就會想幫他們圓夢，這就是為品牌打造樂於助人、富有見地、明智和「有價值」等層面的好方式。

保持正面

網上很多人非常消極、愛批評、尖酸刻薄又憤世嫉俗。不要變成這種人。你的正面能量和態度就像一艘船，它載著你穿過網路活動的汪洋，幫助你徜徉線上航程。別像救生筏一樣漫無目的地漂浮，你要做沉著冷靜的船長，鎖定目標、積極樂觀地把你的船駛向目標。

正面是指以友善、愛心和關懷為起點。儘量對所有在網上結交或看到的人以禮相待，這會讓你在實體世界得到好名聲。所以**不要只對潛在客戶好，要對所有人一視同仁**。主動欣賞每個網友的某些優點，主動以小動作鼓舞他們。

我想起自己在百慕達參加轉型領導委員會會議（Transformational Leadership Council）的那禮拜。我們幾個人在島的另一邊登上當地公車去吃晚餐時，有一位在我們下榻飯店廚房工作的年輕人在最後一刻上了車。那時沒有其他座位了，所以他坐在麥克・貝克威斯（Reverend Michael Beckwith）牧師身邊。他在自己即將上映的電影《祕密》裡飾演老師，也是美國人氣精神思想家。雖然麥克本可一言不發地坐在年輕的飯店員工旁，但他主動與這位年輕人熱烈交談。麥克他極其友善，把他視為和領導委員會會議的其他高層與會者一樣「重要」。

「我相信想怎麼被對待，就該怎麼待人，所以線上活動的所有相關人員都要對彼此做出認真與努力不懈的承諾。」

——克雷格・紐馬克（Craig Newmark），Craiglist.com 創辦人

Craiglist.com 創辦人克雷格・紐馬克將這種線上「存在感」解釋為一種永久的傾聽／行動循環。你要求社群回饋、展開行動，然後重複……一直循環下去。克雷格就是用這種公式建立社群網站，以「連結世界，共創利益」。該網站在二〇一〇年以每月超過五百億網頁瀏覽量擊敗 eBay 的流量。你的個人品牌和這種正面能量（或負面能量）彷彿一座能量場，自

你周圍散發出去。所以，上網前請確保你的內心擁有真誠的正面能量。也就是說，就算跌到谷底，就算你在開會後精疲力盡，甚至可能要承擔包袱一輩子……還是要讓你的內心綻放光芒。說話必須無懈可擊、發文時要用鼓勵的字眼、有爭議時一定要尊重其他的觀點、假設他人的出發點是好的（就算其實不然）、做個正直的人，無論在線上還是實體世界都該如此。

散發成功能量

分享你的成功經歷來激勵旁人。分享你讀過的勵志名言、文章或書籍。透露你的成功之道好幫助他人，別什麼都不說。不只是因為大家能藉由你的經歷來學習，而且這種分享會讓你變得人性化，還能幫他們看到生命的可能性。

分享你的「為什麼」

《紐約時報》暢銷書《先問，為什麼？》（*Start with Why*）作者賽門．西奈克（Simon Sinek）表示：「**吸引大家消費的，不是你做了什麼，而是你為什麼而做。**」

你為什麼決定開始以業界專家的姿態分享資訊？為什麼以現在這個方式處理工作？在你

的職涯或研究領域中，有什麼讓你每天感到興奮？大家想到你時，你的「為什麼」應該成為大家腦中閃過最有力、最清晰、最正面的想法。大家在網路上看到你，或當別人提到你時，所聯想到的價值觀、能力和態度，這些就是你代表的意義。

只要先定義你「為什麼而做」，對方就會感興趣，而且敞開心胸仔細聆聽敘述自己的目標、你的做法、其他人應該感興趣的原因，以及你能提供的服務。

建立更深層的關係

雖然網路可能是相當短暫又匿名的天地，使大家通常只待幾分鐘，短到無法建立交流，但另一方面，只要你上網時將深層關係當作你的目標，也能建立長久關係。現今的網路是你建立強大支援團隊、結交潛在導師、成立智囊團的好機會，當然也可以單純在聊天室、論壇和會員網站與同道中人培養穩固、互相支持的友情。建立交流後，就放心開口請求協助。但同樣地，你也要熱心助人。想要人幫助，必要先付出。關注對話內容，在你所處的討論和社群中提供協助。

作家兼社群媒體專家蓋瑞．范納洽（Gary Vaynerchuk）在著作《一擊奏效的社群行銷術》（*Jab, Jab, Jab, Right Hook*）一書解釋，多年來，行銷人員精心設計出兩種線上銷售策略：讓銷量一飛衝天的高影響力活動（「正勾拳」），以及長時間耐心培養客戶關係（「刺拳」）。他表示，因為有了社群媒體，刺拳和勾拳的必勝組合發生變化。線上行銷人員必須針對個別社群媒體平台的各個社群和對話，打造具體的內容。在不同平台表現出互動的唯一方法是……要互動！勇敢踏出去，和需要你協助、較可能替你發聲，以及會對別人提到你的人建立穩固且有意義的關係。不管你的臉書有多少朋友或推特上有多少人追蹤你都不重要，重要的是這些關係變得多牢靠穩固。

上傳照片和影片

想和網民拉近關係，必須靠「人」，不是靠文字或圖案。因此，勇敢走出你的象牙塔，開始針對你的工作、嗜好、建議和客戶互動的過程拍攝更多照片和短片。

Forbes.com 有一篇文章說，如果你覺得線上影片不過又是另一個過度炒作的短暫熱潮，那可就錯了＊。文章中引用了一項研究，指出影片比白皮書、電子書甚至業務現場示範能帶來更多的銷售機會。

人類的大腦功能天生受臉部、動作和聲音吸引。蘇珊・溫申克（Susan Weinschenk）博士是沃爾瑪、亞馬遜、百思買（Best Buy）和迪士尼等公司的企業顧問，她善用腦部科學預測、理解及解釋人類的動機及行為模式。† 她說，網路影片深具吸引力和說服力有四種原因：

1. 大腦的「梭狀臉孔腦區」（fusiform face area）逼我們注意臉部，這樣我們會更了解說話的內容。此外，大腦的這部分也處理情緒，因此觀眾常會與資訊和傳遞者建立情感交流。
2. 人類的聲音能傳達豐富的資訊。事實上，光是傳遞資訊的語氣就會影響對方聽到的內容。所以，一定要小心地傳達熱情、權威感，甚至興奮的情緒也一樣，端賴你希望聽眾做出怎樣的回應。
3. 情緒是會傳染的。影片能提供人與人的互動，因此能協助你以筆墨難以傳達的方式，針對主題表現出興奮和熱情。
4. 動作能吸引注意力。人類進化過程中，大腦已被設定成會注意視線周圍的動作，所以我們會注意聆聽含有動作的任何訊息。

---

* http://www.forbes.com/sites/seanrosensteel/2013/01/28/why-online-video-is-vital-for-your-2013-content-marketing-objectives/。

† http://www.blog.theteamw.com/2013/01/22/4-reasons-why-online-video-is-compelling-persuasive/。

最後，蘇珊建議：影片推薦就像是吃了興奮劑的社會認可。這結合了社會認同、大腦同步和情感內容，是同化對方思維模式的最佳利器。

米科拉・拉坦斯基（Mykola Latansky）是我很優秀的學生。住在烏克蘭的他教授成功準則。他每天在部落格發一支影片，現在稱為影片日記。在他開始這樣做之前，每天只吸引五十或六十人參加訓練。現在，由於影片日記具備吸引人的特質，又容易爆紅，因此他吸引了六百人以上來參加，也將事業發展成每年超過一百萬美元的企業。

步驟3：聲譽管理，清理負面資訊

有一項熱門趨勢，尤其對企業家和小企業而言更是流行，那就是「聲譽管理」，也就是監控、糾正和提升關於你和你的事業在網路上的資訊。不管這些資訊是不是消費者網站評論、照片中的你是不是看起來很可疑、貼文或影片是不是你上傳的、第三方部落格的主題是不是包含你或你的公司名稱、甚至是不是有人侵犯了你的商標產品名稱權……甚至是看到線上出現關於你和你的事業的內容，只要可能會引人聯想、富含資訊或令人尷尬，都能監控。

因此，全新的服務業者如雨後春筍般出現，協助你管理貴公司在網路上的聲譽也不足為奇。無論你是企業主、社會新鮮人或最近決定從事某個深具價值的志業，即使是已經結束的個人關係或之前惡化的業務關係，都能透過聲譽管理在線上進行管理或將傷害降到最低。

儘量封鎖你的過去

當然，如果你有些無法抹滅的可怕過去（但你已改過向善，清清白白，真心想重新開始），那你該善用「被遺忘權」的服務，請求谷歌隱藏你「不當、無關或過分」的資訊。就在歐盟法院判定谷歌需要提供這項服務之後，在這項服務推出的第一天，就有將近一萬兩千人完成申請。美國版的谷歌還沒有類似的監理裁決，但你還是可以試著查看你居住地的主要搜尋引擎和個別網站是否有這項服務。

透過TED演說為自己樹立品牌

個人品牌首選的體驗是發表TED演說或TEDx演說。TEDx的活動自二〇〇九年推出以來，已在一百六十七國以平均每天八場的速度舉辦。如果你沒聽過TED演說，可以去TED.com網站，點擊「瀏覽量最高」的分頁標籤，先觀賞一些影片，然後點擊「探索整座影片館」的分頁標籤。

我儘量每天看一場TED演說。過去幾年在TED會議上發表的演說，其講者都是各行各業的天才和領袖。以下是部分我最喜歡的高評價TED演說，這些演說在YouTube上都搜尋得到：

- 肯・羅賓森（Ken Robinson）《學校扼殺了創意嗎？》（*Do Schools Kill Creativity?*）
- 安東尼・羅賓斯《我們行為背後的動機與原因》（*Why We Do What We Do*）
- 丹尼爾・品克（Daniel H. Pink）《叫人意想不到的激勵科學》（*The Puzzle of Motivation*）
- 布芮尼・布朗（Brené Brown）《脆弱的力量》（*The Power of Vulnerability*）
- 吉兒・泰勒（Jill Bolte Taylor）《你腦內的兩個世界》（*My Stroke of Insight*）
- 賽門・西奈克《偉大的領袖如何鼓動行為》（*How Great Leaders Inspire Action*）
- 丹・吉伯特（Dan Gilbert）《我們為什麼會快樂？》（*The Surprising Science of Happiness*）
- 安琪拉・達克沃斯（Angela Lee Duckworth）《成功的要訣是什麼？是意志力》（*The Key to Success? Grit*）

想像自己站上TED講台

TED執行長兼策展人克里斯．安德森（Chris Anderson）分享了建立真正引人入勝的TED演講所需的條件：

我們第一次在網站上試驗發表TED演說時，主要擔心的是沒觀眾。好笑的貓咪影片這麼多，幹麼要聽完十八分鐘的講座？想不到這些演說開始爆紅，因為我們的演說家觸碰到美妙又根本的議題：在某些情況下，深植腦海中的想法可以和發起者產生共鳴，共享相同的理解和興奮。

想成就這點小小奇蹟，要先達成眾多條件。引人入勝、條理清晰、幽默風趣。拿掉冗餘的術語。沒錯，在某些情況下，和講者產生情感交流是相當珍貴的要素。從你關心的人身上，你會受益匪淺。我們十八分鐘的演說形式似乎是極具吸引力的方法。

但十八分鐘能分享什麼有價值的內容？當然可以。「蓋茨堡（Gettysburg）演說」只用了九分之一的時間就締造了歷史。馬丁．路德．金恩「我有一個夢想」的演講呢？十六分鐘。

我們對講者的指示包括：主旨比表現重要；個人交流還不錯，但情緒操弄就免了；

沒有公式，請用你自己的方式發表演說。

維護個人品牌的完美祕訣就是如此：在分享、寫部落格或評論時……切記主旨很重要，個人交流很重要，在各方面都要忠於自己。

有種視覺化策略也很有效，那就是想像自己將來某天在發表TED演說或類似的演講，因為那是我們的目標，所以你要使出渾身解數來發表演說。這代表你可能要釐清自己的主旨，可能要接受公開演說的訓練和擬定舞台形象，可能要勇敢接受他人的拒絕、接納各種意見回饋、精益求精，然後最終找到正確的運作模式*。

如果你有真正值得和全世界分享的寶貴知識，而且那是你熱愛的事，就有可能圓夢。

找到自己的聲音、模式和創造力

最後，在數位時代成功打造自身品牌的祕訣就是熱情。**最重要的是要找到自己的聲音，找到自己的模式，找到能宣稱專屬於你自己的創造力**。這表示你要讓直覺和內心的光輝引領你，就像有一隻看不見的手帶著你走向自己的路，並將公認規範或當前趨勢視為無物。熱情源自內心，它提供了成功所必備的不滅熱誠、專注和能量。這與來自外界的愉悅動機不同，真正的熱情更崇高。它來自內心，可以轉化為非凡的成就。

在數位時代，你絕對能成就非凡，茁壯成長。

別說自己年紀太大或不懂科技。走出舒適區，對所有數位科技建立信心。現在唯一的障礙是你自身的信念。

維基百科創辦人吉米·威爾斯（Jimmy Wales）說過：「想像一個世界，在這世界中所有人都能任意取得全人類累積的知識。」那個世界就是現今的世界。全人類累積的知識任你取用，宛如一片資訊和資料的浩瀚汪洋。想佇立在沙灘上？還是想學會如何在汪洋中暢游？一切取決於你自己。

---

* 關於如何發表TED演說，有三本書講解得非常棒。就算你根本不會發表TED演說，只想成為優秀的演說家，這些書也非常有價值。卡曼·蓋洛（Carmine Gallo）的《跟TED學表達，讓世界記住你》（*Talk Like TED*）；傑瑞米·唐納文（Jeremy Donovan）的《TED Talk十八分鐘的祕密》（*How to Deliver a TED Talk*）；阿卡錫·克利亞（Akash Karia）的《如何打造超人氣TED演講》（*How to Deliver a Great TED*）。

65 利用社群媒體增加知名度

「網路是我這輩子及數百年來最重要的改變。它是文字問世以來最重大的發明。」
——魯珀特・默多克（Rupert Murdoch），新聞集團（News Corp）及二十一世紀福斯（21st Century Fox）董事長兼執行長

多年來，許多商務人士、業務員和顧問都同聲質疑社群媒體是否真能吸引更多客戶。社群媒體是消費者導向的大眾市場，雖然部分人士表示這是他們唯一的業務開發工具，但另一派人士指出，社群媒體消耗的時間與獲得的成效不成正比。坦白說，實際情況可能介於兩者之間。

然而，直至今日，社群媒體終於達到轉捩點。現在數百萬名追蹤者搖身成為「買家」（不管你覺得這個字眼代表什麼意思），而非只是不掏腰包的免費獲利者。不管你是擁有一家企業、從事慈善事業、正在構思全新的社會運動或正孜孜矻矻打造你的職涯，如果你正運

用社群媒體及網路提升專業知識並強化個人品牌，這件事就與你有切身關係。除此之外，社群媒體已臻成熟，成為一種新型態的聯絡管道，因此相當簡單便能觸及適當的潛在客戶。

讓追蹤者持續關注你的策略

若要提升你的個人品牌，社群網路能帶來的最大效益是什麼？吸引一批追蹤者，讓他們持續關注你和你的資訊，然後將你的資訊轉傳給好友、同事和他們自己的粉絲。為了達成這目標，你必須在最夯的社群媒體網站持續亮相。而且，現今最大的網站是臉書，全球用戶高達九億人。

當然，我們建議過，你最好有個私人臉書頁面，方便你和親密的好友和家人分享個人資訊和照片；但你也可以針對你的業務、職業或事業建立臉書粉絲專頁。詳情請參閱臉書首頁上的「為名人、團體或公司企業建立粉絲專頁」。

粉絲專頁一成立，就能善用臉書建議的一些策略來提高知名度，強化與粉絲的互動，並提高你出現在臉書動態消息中的機會（臉書用戶在動態消息頁面上可以看到自己追蹤的個人頁面和粉絲專頁持續更新的貼文內容）。個人用戶可以調整設定，讓動態消息多接收個人偏好的貼文類型，臉書更採用專屬公式來判定哪些貼文較受喜愛與運用。貼文的人氣是演算法考量的一項因素。

所以貼文要生動有趣、吸引群眾、有所助益，你撰寫的每則貼文都要能吸引大家想深入了解。貼文不能只是產品公告。臉書建議用戶採用什麼策略吸引粉絲？

1. 善用結合文字的「富媒體」（rich media）。大家都知道，照片和影片等富媒體較能吸引關注，讓你的資訊更引人注目。你可以撰寫約一百至二百五十字的貼文，搭配生活類型的照片。試著分享按照你的建議或善用你的產品的人士照片。
2. 與追蹤者建立雙向對話，提升你臉書貼文的參與度。分享名言、影片或觀點，並邀請追蹤者分享他們的想法、回饋或訴說他們的切身經歷。在我的臉書粉絲專頁，一則短文會吸引十至二十則回應。要是我發現了什麼超酷的名言或短片，吸引到的評論會超過一千六百則。兩者有天壤之別。再者，要是你發布的資訊顯示你誠心聆聽追蹤者的回饋，就更能和他們深入互動，同時打造他們的忠誠度。
3. 如果你是企業主，建議你與臉書追蹤者分享專屬折扣和促銷活動。務必要納入清楚的行動呼籲（Call-To-Action）用語，說明使用兌換抵用券、優惠券或折扣碼的確切步驟，而且，一定要告知促銷活動的結束時間，來製造急迫感。建議你將讀者直接引流到你的銷售網站特定頁面，提升線上銷量。

4. 提供專屬資訊。珍奈特．斯威策需要在臉書對客戶發表新產品，或者需要吸引更多追蹤者時，會執行這項策略。她會發一封電郵給客戶清單上的所有人（這包含同事及支持者提供的名單），並附上一份特殊報告或他們感興趣的內容，然後要求他們「在臉書上按我們讚」，就能拿到完整報告。你可以如法炮製，和現有粉絲分享獨家產品新聞、比賽和活動，營造對方的特殊感。此舉可以提高現有追蹤者的忠誠度，同時也能帶動線上銷售。你可以贈送個人禮品或舉辦為期十天的贈品活動。

5. 將你的臉書貼文結合時事或其他熱門活動、熱門事件，例如新聞、假期資訊和消費趨勢。即時回覆粉絲專頁上的評論，回覆越快，粉絲將來和你互動的可能性就越高。

6. 製作臉書活動日曆，就算只是你每週或每月想聊的話題也沒關係。這份日曆能協助你根據進度定期發文，同時確保內容經過精心策劃又饒富趣味，更別錯過利用臉書發布重大商務活動和新聞的機會。應該多久發文一次？實際上這要經過反覆試驗才能判定最契合你和追蹤者的頻率。

7. 一旦找到契合的頻率，請提前分批撰寫貼文，並點擊首頁分享工具的時鐘圖標，排定發文的具體時間。你也可以排定在多數粉絲上線時發文。想知道是什麼時間的話，可以前往專頁洞悉報告並選擇發文標籤頁。排定貼文時間對有效管理時間大有助益。

8. 將貼文鎖定粉絲群裡的特定族群。如果某些貼文是針對特定族群的，可以利用首頁的分享工具管理貼文，方法是點擊左下角的標靶圖標並選擇新增目標設定。臉書會從你的追蹤者那裡收集諸如性別、感情狀況、學歷、興趣、年齡、地點和語言等資訊，再加以運用這些詳細資訊，為你劃分出具體族群。

9. 撰寫的貼文必須能夠吸引讀者瀏覽你的網站。我覺得這是臉書的終極價值，因為臉書（有時會這樣）可能隨時限制你和粉絲之間的聯絡。但是，只要這些追蹤者轉移到你的網站，選擇加入你的電子郵件清單，你就能掌握和這些人的通訊。此外，不要因為聽說沒人在用電子郵件或大家只用臉書發送電郵就緊張萬分。這個說法可能適用年輕人，但對商務導向的年長族群卻非如此。如果想建立網址連結，引導他人到你的網站，請前往臉書首頁的分享工具，輸入你想發送出去的網站位址或URL，再按確定即可。

10. 檢查個別貼文的績效，看看有沒有待改進之處。你可以利用頁面洞悉檢視各種方法的成效，也能藉此深入了解追蹤者，打造持續吸引他們的臉書內容。

學會正確分享自己的喜事，不招忌

「真誠」是讓社群媒體朋友、粉絲和追蹤者持續關注你的關鍵。態度要謙虛、要吸引別人討論你，絕對不要自吹自擂。保護你的名聲，在線上或實體世界都該同樣有口皆碑。避免發表自身對政治、宗教或醫學的看法，除非你的個人品牌是建立在這些主題之上。

學習如何在誇耀自己時，還能讓大家為你喝采而不是嫉妒你。「謙虛式的炫耀」意指一邊告訴大家你的生活有多美好，一邊又幽默或虛偽地說「我好可憐啊」，這是蠻惹人厭的手法。聖地亞哥州立大學心理系教授兼《自戀時代》（*The Narcissism Epidemic*）的共同作家珍．圖溫吉（Jean Twenge）表示：「謙虛讓人感覺像自戀狂。」她又說：「但謙虛式的炫耀會讓人感覺像自戀狂兼大騙子。」想要分享喜事很正常。喜事不是不能分享，但做法要謹慎，千萬要把觀眾牢記在心。

如果你的主題通常沒有爭議呢？不要捲入他人的爭議觀點所引發的線上舌戰，應該運用 3F 法（感覺 Feel、覺得 Felt、發現 Found）這項社群說服技巧，將大事化小，小事化無。業務員通常很愛使用這項由 Wired.com 鼓吹的技巧＊：「哇，我完全明白為什麼你**感覺**水立

＊若想了解如何撰寫出色的領英個人檔案，請瀏覽珍奈特．斯威策的部落格，網址為 www.JanetSwitzer.com/blog。

法是很大的隱憂。我的房屋價值也讓我**覺得**憂慮！但後來我**發現**這篇文章的主旨是企業利益團體或州議員都沒有告訴我們故事的全貌。」

善用契合主題和職涯的社群媒體

如果妳是女演員，臉書和推特能幫助妳管理粉絲，但如果你是銀行總裁或最高法院法官，以消費者為導向的Pinterest和臉書根本不適合你。對多數專業人士和企業主來說，領英（LinkedIn）是你理想的職涯社群平台。不過，相對而言，如果你是專業小丑、默劇演員或喜劇演員，領英很難讓你得到敬重。專業人士和小企業主應該多多查看所在產業專用的社群媒體平台。

順便提醒一句：許多公司宣稱只要付費就能新增數千位臉書粉絲，切忌參加任何這種可疑公司提出的「購買」朋友計畫。

領英是商務專業人士的主戰場

如果你是販售商務人士所需產品和服務的企業員工或企業主，領英是幫你在業界樹立權威的好幫手。

在建立個人檔案之前，先確定你想傳達的形象和你計畫吸引到的顧客、客戶或支持者。這個問題看似簡單，但你絕對想不到，很多人在領英的個人檔案裡，放入了對就業毫無助益的資訊。例如，如果你目前是高階主管教練或管理顧問，我們有必要知道你在一九八四年有沒有學過瑜伽或拿到按摩治療師證書嗎？

另外請記住：領英個人檔案針對的是特定人員，而非公司。因此如果你是企業主，而你無法在領英上擔任公司代言人，請挑出一些適合的人選，你可以同時列出多名代言人。

一旦決定好了，就採用精準的行銷策略，盡可能建立完整的個人檔案*。善用領英的電子郵件功能新增符合你的技能和資歷的聯絡人，可包含各種公司的聯絡人，如此一來，你就能開始建立你的人脈「樹」或實體網路，讓你的聯絡人清單呈爆炸性成長。再來就要聯絡這些聯絡人，並請他們推薦你，完成你個人檔案的「推薦函」（數量不必太多，最少拿到四或五個推薦就行了）。

建立好個人檔案及開始邀請推薦後，就該著手將自己打造成業界專家。想達到這個目標，建議加入領英群組。領英為各種在相似產業、專業領域或職能的志同道合人士打造了許多群組。你可以加入這些群組，讓小組裡可能成為潛在客戶或客戶的其他人士更認識你。找到與你的興趣或產業契合的專業人士群組，再到群組首頁分享連結並開始討論。這是建立全新專業聯絡人的好方法。你也可以在領英的「答案」部分提供協助。你可以藉由這個部分向大家展現你的專業知識，這搞不好能幫助到未來的潛在客戶。

目前領英還提供了很多功能，可以協助你打造個人品牌，包括根據你的專業發表文章。雖然領英不是唯一可行的行銷管道（儘管許多人只仰賴這一個管道），但它卻讓你建立新的聯絡網路、新的名聲和新的業務。它和臉書一樣，是你推廣專業形象的寶地。

在領英提升或建立個人檔案的最後一個原因，是谷歌和領英之間有緊密的關係，能提升你的網站排名。原因是領英允許谷歌等搜尋引擎查詢領英個人檔案中的資料並加以排名。你的領英個人檔案一定要列出你的網站或部落格（以及能協助搜尋引擎搜尋成功配對檢索到的文字）。谷歌提供終端用戶搜尋結果時，領英個人檔案的排名相當前面。（訣竅：務必將你的領英個人檔案偏好設定為「完整查看」，你的網站、部落格才會顯示在開放查看的個人檔案中。）

66 善用群眾募資平台*

「群眾募資不是新鮮事，但多數人不知道的是，自由女神像是透過群眾募資才建好的。現今的不同點在於，我們能接觸到更多的群眾。」

——埃麗卡・拉波維茨（Erica Labovitz），Indiegogo 行銷總監

成功準則十七、十八、十九教導各位要詢問、詢問、詢問；駁回拒絕；同時把回饋化為優勢。有一個領域能讓各位實際應用這三條準則——群眾募資。群眾募資是在網際網路上邀請許多人進行小額贊助以募集資金，做為專案、創投或倡議的資金。

在新創企業啟動法（Jumpstart Our Business Startups, JOBS）通過並由美國前總統歐巴

* 本節與摩西・馬（Moses Ma）合著。摩西・馬是我想了解科技領域現狀和創新之處時的首席顧問，也是《敏捷創新》一書的共同作者。

馬簽署後，群眾募資這種實踐夢想的刺激新模式達到轉捩點。這項法案減輕了新興公司的法規負擔，讓這些公司較容易上市。這些群眾募資平台協助新創公司、電影和音樂專案、非營利組織以及介於模糊地帶的各種小企業取得所有資金，也協助了個人和小團體募集大學學費、醫療資金、球隊和志工差旅的費用。

群眾募資網站協助全球各地人士募集資金，從二〇一〇年的八千九百萬美元暴漲到二〇一一年的十四億七千萬美元、二〇一二年的二十六億六千萬美元和二〇一三年的五十億美元以上，預計每年成長一倍。目前每年全球有超過一百萬件募資案。最近世界銀行委託進行一項群眾募資成長相關研究。其中，最保守的預測值顯示，群眾募資在二〇二五年將成長為價值九百三十億美元的投資市場。

說服群眾的必備條件

如果你在研究推動群眾募資的訣竅，最好師法成功人士。史上最成功的群眾募資活動是原石錶（Pebble Watch）。原石錶是一款客製化手錶，能顯示蘋果手機或安卓手機發送的訊息和提示，並執行各種應用程式。創辦人艾瑞克・米吉科夫斯基（Eric Migicovsky）透過傳統創投管道募集的資金不足，因此原石科技（Pebble Technology）在二〇一二年四月十一日發起了 Kickstarter 計畫。最初的募款目標為十萬美元。支持者只要花一百一十五美元，將來產品上市時便可收到一只原石錶（前兩百人只需付九十九美元），等於他們以折扣價預購一百五十美元的原石錶。

這項專案在上線後兩小時內就達到十萬美元的募資目標，而且在六天內就成為 Kickstarter 迄今融資金額最高的專案。活動截止日前三十天就募資超過四百七十萬美元。五月十日，原石科技宣布限制預購數量；五月十八日專案截止時，共有六萬八千九百二十八人提供總計一千零二十六萬六千八百四十四美元的資金。

所以，對於想勇敢嘗試群眾募資的人，可以參考以下幾項原石賴以成功的準則。這些都是你可以自己執行的行動，而且幾乎零成本。

1. **善用講故事的威力**。人類把感覺放第一，思考放第二。引起共鳴最好的方式就是用影片敘述一則精采的故事。所以，如果想推動群眾募資，就把自己想像成電影工作人。Kickerstarter.com 指出，含有影片的專案獲得資助的成功率為五〇%，不含影片的專案獲得資助的成功率只有三〇%，而含有影片的專案募到的資金也更多。

令人驚訝的是，募資金額最高的專案影片並非製作預算媲美好萊塢的影片。成效最好的影片讓人感到謙虛又直接，內容只會說：「這就是我，我什麼都沒隱瞞。」更重要的是，這些影片讓你真實表達自己的熱情。

看看原石的影片，他們坦承不諱，說出自己沒有預算拍攝專業廣告。影片不甚完美，顯然是自製影片，卻散發真誠可愛的特質，就算砸下二十萬美元的預算，也沒有任何廣告公司做得到。

「沒有人願意把錢砸在無法引起他們好奇心的產品上。照片和文字無法將故事交代完整——你要更深入地把未來客戶與產品背後的人物和個性加以連結，過程還必須保持真誠。我自認我們的影片達成這些要件。這段影片主打我們整個團隊，當時是在公司總部，或者該說是我的公寓拍攝的，拍攝時間花不到一個月。」

——艾瑞克．米吉科夫斯基，原石科技創辦人兼執行長

請記住，**贊助者和創投家想投資的絕不是想法，他們投資的是人——也就是你**。在形容你自己或你的概念時，建議使用簡單明瞭的語言，真誠簡潔地形容真實的自己。更重要的是，要證明你的熱情真實又值得支持。

2. **完美執行**。有好構想是一回事，完整執行又是另一回事。一旦故事勾勒好了之後，這項活動最重要的目標就是吸引更多人。所以你必須勇敢邀請好友加入，請部落客介紹你的活動。最重要的是儘量讓活動頁面上的所有人推薦你。原石的活動頁面上方清楚列許多組織與支持者的推薦詞，包括發明「網際空間」（cyberspace）一詞的知名作家威廉・吉布森（William Gibson）。此外，該網站還提供部落客一套媒體包，裡面有非常實用的資料，能讓人撰寫出會病毒式擴散爆紅的文章。

成功獲得資助的 Kickstarter 專案的祕訣就是——必須頻繁更新，也要善加管理。專案執行者都會告訴你，重大更新會帶動贊助金暴漲。看到更新會讓大家把你當成真人，相信這個專案能成真，也會得到一些能和他人分享的資訊，避免他們忘記你。

3. **建立並獎勵社群**。建立群眾募資團隊非常重要，就像你不會孤身到野外探險一樣。你需要一支扎實的核心團隊，協助管理日常促銷、感謝贊助者及其他重要但耗時的任務。核心團隊確立後，就勇敢邀請所有親友積極支持你的事業，或者至少貢獻舉手之勞，把你的活動相關消息和他們認識的所有人分享，幫你加油。請在推特和臉書上盡可能推廣這項活動。

成功的群眾募資要掌握三大關鍵要素，分別是社群、社群和社群。群眾募資活動開跑的那一刻，一定要「事先召集好」一群渴望參與的人。我把這種技巧稱為

「悶雷響、閃電、打雷」。活動開始前要先發出悶雷的轟隆聲，活動起跑那一刻，請好幾百人共襄盛舉。這種做法和新書上市的策略類似，如果初期銷售強勁，成功自然水到渠成。活動起跑前，一定要針對你能立即動員的社群，詳細收集相關資訊。活動起跑時，執行速度要快如閃電，力求完美無瑕，要剷除任何障礙。如果你一炮而紅，部落客自然會爭相討論，把你推上「熱門話題」清單的上方。這時會出現從眾行為，情勢便對你有利。此時就進入打雷階段，群眾會熱誠地響應你的活動。

接下來，你需要獎勵你的社群。多數人都明白這一點，但如果你募資的標的是產品，就要把產品納入某個獎勵等級。這是大多數專案支持者投入資金的主要原因。儘管如此，許多活動竟然還是會忘了這一點。

「Kickstarter 的宗旨是透過支持者社群協助企業創造生機。如果沒有近七萬人相信我們的產品，我們今天就無法圓夢。我們的使命就是把這些人想要的產品提供給他們——沒有他們，這一切都不可能實現。」

——艾瑞克・米吉科夫斯基

最後，別害羞……大方地向大家介紹這個活動。你該學習如何優雅華麗地面對拒絕。建議你仔細研究原石的活動網頁，他們處理得很得宜。

4. **品牌的誕生**。群眾募資網站上的活動和新生兒有點像，兩者的共同點是都相當美好。一部分的美好來自你目睹自身品牌的誕生，而且這個品牌的本質來自信任。因此，你需要在許多層面展現你的信譽和專業知識。原石團隊完美地達成了這個目標。

在觀賞自己的影片和閱讀專案說明或更新專案時，一定要不斷告訴自己，你做得到，你不可能失敗。對於團隊裡有能力達成專案目標的人，要持續表達感恩。關鍵是要讓目標群眾和你有共鳴。

5. **客氣詢問，心存感激**。這一點似乎無須贅言，但你絕對想不到，很多活動從沒開口要錢過。他們說明了需求，展現了熱情，卻沒有行動呼籲。請你務必要明確告訴對方，可以採取哪些行動來為你的活動出一臂之力。詢問時，一定要客氣一點。

最後，至少要對每位支持者、貢獻者和贊助者表達感謝兩次。不僅為了活動成功達標，還要衷心感謝他們，這樣下一次活動他們才會共襄盛舉。

群眾在哪裡？

由於原石錶結合了這五項要素，因此這項產品的上市成為 Kickstarter 史上最成功的群眾募資案。想不想試看看？以下提供六個網站，各位可以看看哪一個最適合你。

Kickstarter.com 是群眾募資的重量級王者。這個網站當初是為了創意藝術所設計和架構的，但現在深受許多科技創業家青睞。有些人募到數百萬美元。看看 Kickstarter 的多功能行動冰箱「Coolest Cooler」。他們一開始只要募五萬美元，結果收到四萬八千一百四十一人的贊助（截至二〇一四年八月二十五日晚上十點五十二分，我寫這篇文章的時候），已經募集超過一千零五萬六千二百八十一美元。這筆資金將用來製作海灘飲料保冷箱。它的內建電池可以讓充電式果汁機製作瑪格麗特酒或冰沙，另外還有防水藍牙揚聲器、USB 充電器、LED 蓋燈、寬滾輪和一些超酷的功能。他的募資活動有許多值得學習的優點。

Indiegogo.com 開放你針對任何用途募集資金。你可以選擇費用較高的「保留募集資金」模式或費用較低的「非成即敗募資」型態。我最愛的 Indiegogo 成功範例是由「太陽能馬路公司」（Solar Roadways Inc.）所提出。這家位於愛達荷州桑德珀恩特市（Sandpoint）的新創公司，公司目標是利用回收材料和結合太陽能電池所製成的路面板，取代目前由石油製成的瀝青路面、停車場和車道。這種方式產生的再生能源可供家庭及企業使用。這項募資案募集到超過二百萬美元的資金。

Fundable.com 是另一個大型群眾募資平台，提供獎勵制（支持者可向新創公司投入資金，換取獎勵或預訂企業在該活動後生產的商品）和股票制活動（以淨資產一百萬美元以上者為合格投資人，這些人可以在小企業平台的股票區投資新創企業）。最近有一家新創公司叫 TuneGo。TuneGo 是支持音樂產業獨立藝人打造事業、公開和發行音樂及廣播音樂作品的新平台。這家公司在 Fundable 募集到七十七萬四千美元的資金。

GoFundMe.com 是個人募款網站，已協助數千人募集到數百萬美元的個人用途資金，像是學費、球隊費用、醫療金、志工差旅費、商業創意資金、特殊活動和旅費等。在 GoFundMe 的成功範例中，我最愛的專案是由十三歲的珊德拉．史塔（Chandra Starr）所發起。珊德拉和母親曾無家可歸，但珊德拉的生活、住所和工作都穩定下來後，她立志募集一百萬枚一分錢硬幣，也就是十萬美元，目標是蓋一座菜園，養活社區內的遊民。結果她最後募得的資金超標四千五百美元。

StartSomeGood.com 非常適合尚未成為 501(c)(3) 條款類型非營利組織＊的初期社會公

＊ 501(c)(3) 條款規定美國不需繳納聯邦所得稅的公司或組織類型，包含專為宗教、慈善、科學、公共安全測試、文學、教育或其他特定目的而設立的公益類型機構。

益專案。這個網站使用獨特的「轉捩點」模型進行募款，讓你邊募資邊收款。這個網站的一大特色就是名稱為「群眾募資入門課」（Crowdfunding 101）的免費九堂電郵課。洛杉磯一家名為「公益巴士」的非營利組織希望與擁抱人群樂團（Foster the People）一起坐公車造訪二十二座城市，鼓勵年輕人參與公益，協助邊緣青少年、音樂教育、園藝工作和慈善廚房的公益活動。透過從一美元到超過一萬美元不等的六百八十筆捐款，他們募集到十萬一千七百八十一美元的旅費。在達拉斯，公益巴士在一家食物銀行準備了八千五百套餐點。在奧斯汀城市極限音樂節，他們與當地的公益人員合作，募集到一萬二千九百八十一美元，為撲滅德州野火的消防員購買裝備。若再加上對等捐款，最後這件公益案募得逾二萬五千美元。

Causes.com 旨在協助志同道合的人士彼此交流並支援他們的行動，包括（但不限於）為 501(c)(3) 條款類型非營利組織募集資金（目前為四千八百萬美元），希望能打造更美好的世界。這個網站的收費很便宜，捐助者都知道所有捐款皆可抵稅。

Crowdrise.com 是為 501(c)(3) 條款類型慈善機構募資的網站。這個網站有一點很新奇，就是任何人都能登記、自願為已在網站註冊的慈善機構發起募款活動。

這些網站每天都在幫真實世界的人圓夢，透過各種方式為藝術、創業和慈善事業盡一己之力（見圖表 6-1）。

「對，我爸發起了群眾募資專案，
專案目標是付錢給我們，好讓我們不再練團。」

圖表 6-1　各式各樣的募資專案

十一分鐘的影片募資到二十五萬美元

我在研究群眾募資時，偶然發現一則感人的故事，我非分享不可。二〇一一年夏天，九歲的凱恩．門羅伊（Caine Monroy）花了一整個夏季，在父親位於東洛杉磯的汽車零件行（其實倒像是一間倉庫）前，用舊紙箱和日常用品蓋了一座遊藝場。這間「遊藝場」由凱恩自行設計和建造，裡面有各種精巧的遊戲，包括門票和兌獎系統，獎品是他的風火輪小汽車等舊玩具——各位一定要到 YouTube 觀看《凱恩遊藝場》（*Caine's Arcade*）這支影片，才能徹底了解這個小男生打造了多輝煌又饒富創意的成就。

唯一的問題是，受限於零件行地段不佳，而且大部分的生意都來自線上訂單，使得這間遊藝場門可羅雀。直到夏季的最後一天，電影製作人聶文．穆立克（Nirvan Mullick）來這間汽車零件行買車門把手，問題自此迎刃而解。他對這間遊藝場很感興趣，所以買了一張二美元的「暢遊券」，成為凱恩的第一位顧客。穆立克對這個男孩的創造力、樂觀和毅力相當佩服，他在臉書上號召了高達上百人的好友和追蹤者來光顧這間遊藝場，凱恩大吃一驚。穆立克把整段過程拍成電影，把《凱恩遊藝場》這部片長十一分鐘的紀錄片放上 Vimeo 和 YouTube，第一天就以超過一百萬次瀏覽量的驚人數字爆紅*。

二〇一二年，穆立克為凱恩成立了群眾募資獎學金基金。最初的計畫是希望募得二．五萬美元，但第一天就募到六萬美元，第一週總計募得十七萬美元。目前超過一萬九千名個人贊助者共贊助了二十三萬九千美元，最終目標是二十五萬美元。

還不只這樣。當時年僅十二歲的凱恩受南加大馬歇爾商學院及法國坎城國際創意節邀請發表演講，後來也在雀兒喜．柯林頓（Chelsea Clinton）主持的 TEDxTeen 上發表演說。二〇一三年科羅拉多創新網路高峰會在丹佛舉辦，凱恩和穆立克在會中發表演講後，就獲得科羅拉多州立大學全額獎學金。

受到凱恩的啟發，聶文成立了想像力基金會（Imagination Foundation）。成立宗旨是：「在各地學校、家庭和社區，打造以創造力和創業精神為核心社會價值觀的世界；並在這樣的世界中，教導所有孩子成為創意思想家和行動家，鼓勵他們把最好的想法付諸實行。」這個基金會的一項大型專案就是全球紙板挑戰賽。這場比賽會邀請所有年齡層的孩子善用紙板、回收材料和想像力打造任何他們想得到的東西。十月十一日是穆立克帶一百名顧客光臨遊藝場，讓凱恩喜出望外的日子，此後便以十月十一日為週年紀念日，讓大家齊聚一堂分享他們用紙板完成的作品和玩樂的創作。前兩屆的紙板挑戰賽，有來自超過五十國、逾十萬名的兒童參賽。

＊截至目前為止，《凱恩遊藝場》在 YouTube 和 Vimeo 的瀏覽量合計已超過一千五百萬次。

67 串連數百萬人，實現夢想

「臉書的初衷並非為了成立一家公司。當初設立臉書是為了達成一項社會使命——讓世界更加開放也更緊密。」

——馬克．祖克柏，臉書創辦人

現今網路最強的優勢是什麼?它能把你和數百萬人串連起來。這些人和你有共同的熱情，支持你的願景，能提供建議並協助你實現夢想。事實上，人類史上從沒有過這種的資源，這些資源讓你最遠大的理想近在眼前。

當然，你的任務是要善用這項工具，好實現你的心願，接著再推己及人，推廣你的思維，造福更多人改善他們的生活。過去你可能沒有這種力量，但藉由網路和目前進步的科技，追求社會公益和你自身的目標，應該是實踐成功準則者的重要志向。

以群眾外包支持你的理想

我們出版第一本《心靈雞湯》時，根本不清楚這是群眾外包書籍的先鋒。幾十個人貢獻個人經歷、詩詞和漫畫，豐富了這本書的內容。這本書的成功導致整個雞湯系列都採用這種方法來編寫。我們一度有數百名專業作家和素人為我們將來想製作的書籍貢獻經歷。這種模式不只效果很好，而且在網路的幫助下，執行起來也變得更加輕鬆。

什麼是群眾外包？它如何協助你達成目標？韋伯英語線上字典（Merriam-Webster.com）*對「群眾外包」（crowdsourcing）的定義是「徵求一群人的貢獻，尤其是來自線上社群，而非傳統員工或供應商的貢獻，以獲得所需服務、構想或內容的過程」。

「願景要遠大，再努力拓展，絕不回頭看。」

——阿諾・史瓦辛格，演員、慈善家及前加州州長

如果你立志當作家，但文筆不好或不知從何著手，群眾外包能幫你完成手稿。其實，

* 請參閱 www.merriam-webster.com/dictionary/crowdsourcing。

《富爸爸，窮爸爸》作者羅勃特·清崎就將最近的《富爸爸之有錢人的大陰謀》（*Rich Dad's Conspiracy of the Rich*）一書群眾外包。他將引言放上網，再邀請數百萬名現有讀者針對書中其餘主題提供評論和想法。這不僅是對金融書讀者的真正需求進行深入的市場研究，在評論過程中，投稿人必須登記並同意羅勃特在該書其他章節使用他們的評論和想法。

如果你是創業家，你有個很棒的點子，能夠在全球各城市提供獨一無二的服務，但你無法自己提供服務或不想提供服務，那僱用他人代你提供服務就是絕佳的成功創業範例。優步是一款智慧型手機應用程式，它能代你預訂計程

「我有一個概念在萌芽，但我需要一千萬美元，
幫助我對於此概念的想像發展成為理論。」

圖表 6-2　為概念募資

車，或傳訊息給計程車行和私人司機，幫你在大城市找共乘服務。換句話說，沒有任何計程車行能延攬所有司機，所以這種服務就是群眾外包，這款應用程式甚至可以幫你在你所在的街道上找到汽車精確的位置。

另外，還有些公司是透過群眾外包服務，由好幾千個提供者支持而成立，然後簡單地建立一個網站門戶，將需要這些服務的買家與服務供應商串連起來。有個我很喜歡的網站名叫Fiverr.com，這個網站集結了全球各地的自由工作者，他們完成一個小案子只收五美元。線上自由工作者市集 Elance.com，網羅全球各地的平面設計師、作家、程式設計師和其他創意人員，將他們與需要資深人員但又希望將工作外包出去（而非聘請全職員工）的企業加以媒合。針對每筆交易，Elance 會向接案族收取些微比例的費用。二〇一三年，透過該網站下訂的專案總共價值三億美元，但網站本身並不提供創意服務。

以虛擬方式管理專案

數位時代造成生活的一項重大改變，就是網路讓人才在任何地點都能工作，只要有電腦就行了。這不僅大幅改變人們的工作方式、工作時間和工作地點，更催生了包括遠距員工、彈性工時人員、外包業者和虛擬助理在內的整個虛擬勞動力產業。

例如，如果你在紐約有一家顧問公司，你可以在德州聘請行銷總監，在愛荷華州僱用下班時段接聽人員，在馬里蘭州請私人助理，在俄亥俄州請記帳士。他們都不是正式員工，甚至能取代正職人員。

「虛擬企業」是指所有員工都在遠距生活和工作，這個概念已經問世許久，而且數位時代使這些企業得以輕鬆管理人員並提高生產力。你現在可以免費使用 Google Hangouts 與整個團隊舉行視訊員工會議，或在使用 Skype 免費通話、發送訊息時，一邊即時傳送文件。每月只要幾美元，就可以租用虛擬電話系統，即使員工住在不同城市，也可以將來電轉至公司各個「部門」。如果在 Fiverr 請配音員錄製你的來電問候語和轉接提示語，你的虛擬公司聽起來就會像全市最大的競爭對手一樣專業。

虛擬助理模式真正令人興奮的是，在開發程度較高的經濟體工作的人，能利用網路在羅馬尼亞、印度和菲律賓等其他國家聘請兼職工作者。雖然那些人領取的薪水在當地算是高時薪，但和已開發國家中受過相同訓練的專業人士比起來，只是九牛一毛。企管碩士級的會計師、資深程式設計師和機靈的研究助理常常只收七到十八美元時薪，便能提供頂級工作品質。

成立虛擬策劃小組

現今的網路能讓你輕鬆成立虛擬策劃小組，因為天涯若比鄰，你檢查參考資料、取得推薦和尋找契合的策劃小組成員的能力可謂毫無上限。

在這個時機點成立策劃小組是最好的。你可以藉由Skype、Google Hangouts和GoToMeeting等科技，和全球各地的小組成員召開策劃小組會議，所有人都只透過視訊參加會議。不僅如此，和過去高昂的長途電話費相比，使用這些科技的成本相當低廉。而且，互動時還能共享文件、簡報、照片和其他資訊。

如果你需要（或正在考慮）主持研討會或座談會，可以參考「大師會議」（Maestro Conference）線上程式。它的線上即時研討會最多可開放五千人參加，或最多可開放兩千名共享螢幕用戶參加。建議你再將他們細分成夥伴小組或小型討論組，即使是線上會議，你也可以像在一般教室裡一樣到處走動，聆聽他們的對話。大家可以採數位方式舉手發問，你也能隨時主動呼叫任何人。或者，你可以預先篩選大家繳交的問題，避免回答無關主題的問題，浪費時間。一切都和現場研討會沒兩樣。此外，「大師會議」有提供完善的客製化訓練，教導你如何善用這套系統。

後記
小小改變為世界帶來巨大貢獻

「許多人壯志未酬身先死。原因是因為他們一直沒準備好過人生。等領悟時卻為時已晚。」

——奧利弗．溫德爾．霍姆斯（Oliver Wendell Holmes），美國前最高法院大法官

把你在這本書學到（或溫習過）的道理付諸實踐，就是成功關鍵。你無法同時做所有事，但你可以邁出第一步。本書共有六十七條準則，你可能會不知該如何著手。所以你必須這麼做：

回到第一章，依照準則順序，按部就班地完成每個準則。請對你的生活和成功擔起百分之百的責任，確立人生目標，決定你的志願，並針對個人願景的所有細節設定具體及可衡量

的目標，然後將其拆解為具體行動的步驟，每天練習想像你已達成目標。聰明的人還會找一個能砥礪自己的夥伴，或者成立策劃小組一起執行初期步驟。

接下來，除了自由日，每天採取行動，力求達成最重要的目標。付出代價，盡一切努力獲得你渴望的事物，別預設或害怕被拒絕。你應該要求意見回饋並立即回應，致力持續改善，克服一切可能的障礙，堅持下去。現在，你開始朝著重大目標前進了。

接著，為了培養並保持動力，建議你擬定計畫執行你的未完成事項，努力改變你自我局限的信念，選出下一季要培養的習慣，從「延伸閱讀」中挑一本來讀（讀完再讀下一本），並買一套勵志語音播客，在開車或運動時聽。然後，和另一半或一些朋友計畫度假、報名六個月內舉辦的個人發展研討會。對於干擾你追求主要目標的因素說不，再向導師或教練請益，讓他們領你踏上成功之路。

最後，努力培養金錢意識。一定要完成設定，把每筆薪水自動扣除一〇％或一〇％以上到投資帳戶，再撥出一部分時間和金錢幫助你的信仰或你最喜歡的非營利組織。分析財務並撙節開支，想出如何提升自己在雇主或客戶心中的價值，藉以創造財富，而非糊口。

你不可能同時做所有事，但如果每天持續進步一點點，長久下來，就能養成新習慣及做到自律。請記住：好酒需要時間醞釀，成功無法一蹴可幾。我花了好幾年學習和執行這本書裡的所有準則。我掌握了一部分，但其他的還有待努力。

雖然你得花點時間，但應該不會比我久。我必須花好幾年的時間，獨自從各種來源中找出所有準則。我將這些準則一次傳授給你們，請選擇我披荊斬棘為你開拓出的康莊大道，這本書涵蓋了想提升自己必備的知識。

當然，這本書並未就個人特殊情境、職業、職涯和目標探討你必須學習的內容，但前面的章節已涵蓋在任何企業或工作領域達成目標所需的基本準則。建議你下定決心，馬上開始行動及持續執行，創造你的夢幻人生。

踏出第一步，就會產生「進動效應」

科學家、發明家兼哲學家巴克敏斯特．富勒提出「進動效應」（precessional effects）*，他說進動效應從初期就開始發生，雖然你一開始的行動是為了實現個人目標，但最後能達到服務眾人的結果。富勒指出，蜜蜂的主要目標看似是採花蜜來製作蜂蜜，但在採蜜時卻無意中參與了更遠大的行動，這就是進動。牠流連花叢取蜜時，翅膀會沾上花粉，最後為世界上

*指你的單一行動連帶對其他人、事、物產生影響，也為自己創造更多機會。

所有有根植物進行異花授粉，這就是蜜蜂採蜜意外產生的副產品。你可以把自己想像成乘風破浪的快艇，船身兩側和後方的浪花是你向前運動時引起的尾波。生活也是一樣，只要你積極地追求目標，就會產生進動效應，這些效應比你當初理解或計畫的還重要許多。**只要踏出第一步，周圍就會不斷出現充滿機會的康莊大道**。

我認識的富豪和成功人士（包括我的密友和本書採訪的九十多人）中，沒有人有辦法計畫或預測到這一生際遇的確切順序。大家一開始都只有一個夢想和一套計畫。但是一旦起步，就踏入了美好的桃花源。

以我自己為例。我和馬克·維克多·漢森根本沒想到第一本書的書名「心靈雞湯」會發展成品牌名稱，還成為北美和許多國家的熱門關鍵詞；我們也沒料到會有一系列的「飼主心靈雞湯」貓狗糧、一系列的賀卡、電視節目、聯合專欄或聯合廣播節目。這些全都延伸自我們最初決心寫一本書及提供服務的過程。

戴夫·林尼格決定離開丹佛最大的房仲公司自行創業時，並不知道四十年後他的公司瑞麥地產會成為美國最大的房仲公司，市值高達十億元，在九十國有九萬個房仲業務員。

唐納·川普蓋第一棟大樓時，並不知道最後他會坐擁賭場、高爾夫球場、度假村、美國小姐比賽和全美收視率第一的實境秀。他只知道自己想蓋壯麗的大樓，其他的都是過程中自然發生的美好意外。

卡爾・卡切爾（Carl Karcher）從洛杉磯鬧區一家流動熱狗攤起家。他小賺一些錢後，陸續買下其他熱狗攤，最後併購一家餐廳。這家餐廳最後發展成美國速食連鎖餐廳卡樂星（Carl's Junior）。

保羅・奧法利亞（Paul Orfalea）開始經營服務當地大學生的影印店時，渾然不知這家店會變成擁有一千八百多家分店的金考連鎖影印店（Kinko's stores），後來售出時還淨賺一億一千六百萬美元。

這些人當時可能已竭盡所能地制定出一組目標和一套縝密的計畫，但每項新成就都帶領他們邁向意外的新天地。**如果你鎖定想去的方向，堅定地持續前進，各種前所未料的機會就會在你前進時油然而生。**

從奧運選手變世界演說家

當魯本・岡薩雷斯終於如願第三次參加冬季奧運會後，他回到了德州的家中。他十一歲的鄰居威爾提醒他，他答應過要在當地小學講述自己的親身故事。魯本在威爾的五年級班上講述他為一圓奧運而奮鬥的故事後，威爾的老師問魯本願不願意在全校集會上演講，於是魯本又待了一個小時，為全校兩百個孩子分享。

演說結束後，有幾位老師告訴他，他們常請演說家為孩子發表演說，他顯然比曾受邀的人都好，他們告訴魯本，他有演說的天賦。這種回饋大大鼓舞了魯本，他開始打電話給休斯頓區的其他學校，隨即收到很多邀請，最後他甚至辭去了影印機業務員的工作。

本來一切都很順利，但到了六月，魯本沒想到學校放暑假了，要等到秋季才會有演說活動。因為他和妻子總要過生活，所以魯本開始打電話給當地企業，詢問演說機會。漸漸地，他在達拉斯商界站穩腳跟，而且因為他的演說相當勵志，口碑傳了開來，讓魯本的演說生涯一飛衝天。之後不到兩年的時間，魯本就能在年初的頭兩個月，賺到相當於他當影印機業務員一年的錢。

在無舵雪橇這麼冷門的運動奪得全球第三十五名，是邁向世界級演說家職涯的一步，但當他在紐約州普萊西德湖的奧運訓練中心冰道上，以約一百四十四公里的時速往下衝時，他並沒有計畫成為演說家。這就是巴克敏斯特．富勒所說的進動效應。

知道成功準則還不夠，更要馬上行動

「讀再多、背再多都不會讓你擁有成功人生，理解和應用明智的想法才重要。」

——包柏．普克特

我已盡力提供圓夢所需的準則和工具。這些準則和工具對我和無數人都很有效，對你也一樣。但資訊、動力和靈感最多只能帶你到這裡，接下來要交給汗水（由你提供）了。**採取行動創造夢幻生活，是你一個人的責任，其他人無法代勞**。你擁有所有必備才能和資源，可以立即展開行動，開始創造你的夢想。我知道你做得到，你也清楚自己做得到，勇敢行動吧！這項任務樂趣橫生但也辛苦備至，所以千萬要享受這段旅程！

「千里之行始於足下。」

——理查德．保羅．埃文斯（Richard Paul Evans），暢銷書《雪夜裡的眼淚》（*The Christmas Box*）作者

讓大家同時實踐成功準則

我還想建議你送幾本《成功準則》給你在念中學和大學的孩子、員工、團隊成員和經理。你將會訝異，只是讓大家同時實踐相同的成功準則，竟然就能徹底改變一個家庭、一支團隊或一家企業。

如果你想送人禮物，最好的禮物就是愛他、讓他成長茁壯。幫助你關心的人擺脫畫地自限的信念和無知，讓他們有所成就，同時讓他們壯大，去創造打從靈魂深處渴望的生活，這才是無上的愛。

世上很多人活在聽天由命或絕望的狀態，現在該扭轉這種局面了。我們都有能力打造渴望的生活和夢想的生活。我們都該徹底發揮潛力，展現我們真正的天命。這是我們的天賦權利，但我們必須勇敢爭取，這是經由努力才能得到的權利。其中一部分的努力就是先認真學習，接著依照歷經時間考驗且永垂不朽的準則過生活。我們念書時大多沒學過這些準則，僅有少數人在家裡學過，但這些準則一定會讓我們的夢想成真。

這些準則透過導師、訓練師、成功創業家、教師、教練，以及書籍、研討會和語音節目中代代相傳。現在你已掌握這些準則的核心，先善用這些準則解放自己的生活，再來是你最關心的人和影響你生活最大的人。

如果你的家人全不再抱怨，為自己和生活承擔全部責任，開始創造自己的夢幻生活，那會是怎樣的情景？如果公司的員工全部實踐這些準則會怎樣？如果你的壘球隊隊員都奉行這樣的生活理念呢？如果所有中學生都知道這些準則，同時把它們應用在教室、運動場和社群生活中呢？如果受刑人出獄回到社會前，學會這些寶貴的準則會怎樣？這個世界會截然不同。

大家會對自己的選擇承擔百分之百的責任，清楚自己的願景和目標。沒有人會遭受批評和虐待。所有人言出必行，面對困難和挑戰，每個人都會堅持到底。男女會攜手團結，相互扶持，成為最好的自己；需要什麼、想要什麼，大家都不怕開口，無法答應時，敢勇於對他人的要求說「不」；所有人不再抱怨和發牢騷，會堅持打造夢幻人生，大家會從事自己熱愛的工作，因此更樂於服務他人；所有人會說真話，同時以同理心傾聽對方，因為他們知道只要這樣做，和平、喜悅和事業才會成長茁壯。

簡單來說，世界會和諧運轉！

你對這世界最大的貢獻，是強化自我意識、自我實現及展現發自內心的夢想和願望。你的下一件重要任務，就是幫助他人實踐這個道理。如果大家有志一同，這世界一定會很美好。

我寫這本書的宗旨，是想為打造這樣的世界，善盡一己之力。如果能實現，我就能如願地激勵和壯大他人，讓他們在充滿愛與喜悅的大同世界中，一圓他們最美好的願景。

「若想徹底掌握一門學問，那就當他人的老師吧！」

——泰倫・愛德華茲（Tryon Edwards），美國神學家

最有效的學習就是教導他人

最有效的學習方法就是教導他人。這種做法讓你不得不釐清你的思緒，面對思維中的矛盾，以及言行更合一。但最重要的是，你必須反覆閱讀、研究和陳述資訊，由此產生的反覆動作會強化自身的學習。

研究和教導成功準則對我的最大好處，就是我能不斷提醒自己這些準則的存在和實踐它們有多重要。我會將寫完的章節拿給我的員工看，幫助我們重新檢視自身尚未徹底實踐哪些準則，讓我們從頭再努力一次。每次在全球各地舉辦研討會時，我都發現我更勤奮地在自己的生活中實踐這些準則。

思考一下，你可以把這些準則教給誰？能不能在教會辦研討會？在當地高中或社區學院開課？在公司舉辦研討會？組成為期六週的讀書會，每週午餐時討論一次？和家人組成討論

小組？

我們也積極以高度互動及體驗式的研討會和訓練課程，訓練數千人教授成功準則。除了在美國舉辦為期兩週和三週的即時訓練（分散於一年當中），我們也提供完整的成功準則訓練師培訓居家學習課程。完成兩種課程都能讓你成為坎菲爾成功準則認證的訓練師。我們的最終目標是在二〇三〇年前讓一百萬人在公司、小企業、學校、大學、政府、非營利組織、教堂和公共研討會中教授這些準則、策略、方法和技巧，目前進展非常順利。非常歡迎大家加入我們的行列。

想像家庭、團體、社團、宗教團體、辦公室、業務團隊或企業裡，大家齊心協力、相互支持地積極實踐這些準則，成效會多麼驚人。你有機會是實現這個願景的推手。不是你還會是誰？如果不是現在，那要等到什麼時候？

幫助他人，你也會被幫助

另外還有一大好處是，你越幫助別人打造成功人生，他們就越想成為助你成功的推手。你可能會好奇，為什麼教導成功策略的人都這麼成功？這是因為他們幫助許多人得償所望，對方自然想支持曾經扶持過他們的人。這道理自然也會對你產生一樣的效果。

我的屬靈導師教過我：要師法上者，要教導下者，要陪伴及協助同級者。這對大家都是金玉良言。

提升自己，展開行動

「如果你自認為是毫無影響力的小人物，那就試著和蚊子共度一宿看看。」

——安妮塔．羅迪克（Anita Roddick），美體小舖（The Body Shop）創辦人、傑出人權運動人士及環保主義者

在我心目中的世界，大家都獲得啟發，相信自己和本身的能力，也有力量發揮全部的潛能和達成所有夢想。我希望每所學校和大學都會教這些準則，並在所有大小企業付諸實現。

我培訓過其他訓練師和演說家，也為學校設計過課程*，為福利計畫和公司制定過影片訓練課程†，寫過書，拍過影音節目‡，舉辦過研討會和線上課程，並為一般大眾設計過輔導和遠距輔導計畫。我寫過聯合專欄，協助製作過電視劇，也上過數不清的廣播和電視節目

分享這些理念。

你的理想生活其實離你很近。全球數千人藉由我的「突破成功」訓練課程，已實現最崇高的理想，像是從成為暢銷書作家到創業、收入翻倍、休閒時間多兩倍、贊助新慈善機構、成為頂尖業務員等。短短五天之內，你會釐清自己真正的目標，得到協助並克服那些阻擋你勇往直前的絆腳石，編寫可以提升人生的逐步計畫，最後學習如何全速推行你的計畫！

---

* 請參閱傑克．坎菲爾的《課堂上的自尊》（*Self-Esteem in the Classroom*）。

† 此處的計畫包含目標計畫（GOALS Program）及行動責任造就成功計畫（Success Through Action and Responsibility, STAR）。

‡ 若想了解我的書籍、影音節目、研討會和輔導計畫的完整名單，請前往 www.JackCanfield.com。

作者簡介

傑克・坎菲爾

被譽為美國第一成功教練，也是暢銷書作家、專業演說家、訓練官兼企業家。他是坎菲爾訓練集團創辦人兼董事長。該集團訓練企業家、教育人士、企業領袖、業務員和積極進取的個人如何拓展視野並加速達成個人和專業目標。

傑克是暢銷書《心靈雞湯》系列的創始人，也是逾兩百本《心靈雞湯》系列書籍背後的開發及銷售推手，全系列在美國共售出一億本，另在全球譯成四十七種語言，共售出五億本。他是談論成功的不二人選。傑克的專欄報導賣給報社聯合組織後，獲得全國一百五十間報社刊載。《心靈雞湯》電視劇曾在 PAX 和 ABC 電視台播出。

傑克畢業於哈佛大學，擁有麻省大學心理教育碩士學位，並獲頒三個榮譽博士學位。過去四十年，他持續擔任心理治療、教育顧問、企業訓練官，以及自尊、突破成功及最佳績效領域的權威。

《成功準則》第一版共翻譯成二十九種語言，在全球售出五十萬冊。傑克的其他暢銷書，包括《青少年的成功原理》、《專注的力量》、《心靈雞湯：關於勇氣》、《勇於戰勝》、《書的魔力》、《實踐吸引力法則的關鍵》、《卓越教練型領導的三十個頂級訓練法則》和《邁向終極成功》，已售出數百萬本。針對想深入了解的民眾和公司，他也推出輔助型的多媒體產品、輔導計畫和企業教育訓練計畫。

傑克創下在同一天內（一九九八年五月二十四日）同時有七本書名列《紐約時報》暢銷書榜的金氏世界紀錄，另外也創下最大簽書會的金氏世界紀錄（由《兒童心靈雞湯》所創下）。

傑克還是自尊基金會創辦人。自尊基金會為社工、福利領受人和人事人員提供建立自信的資源及教育訓練。傑克編寫及共同製作了「目標計畫」。這項訓練影片計畫旨在協助加州領取社會福利人士順利找到工作。有八十一萬人因為這項計畫而不再需要領取社會福利。

傑克參加過逾一千個廣播和電視節目，包括《歐普拉脫口秀》、《蒙特威廉斯秀》（*The Montel Williams Show*）、《賴瑞金現場》（*Larry King Live*）、《今日秀》、《福斯好友秀》（*Fox & Friends*）、《CBS晚間新聞》（*CBS Evening News*）、《NBC晚間新聞》（*NBC Nightly News*）和CNN的《即時熱線》（*Talk Back Live*）等，也參加過公共廣播電視公司（PBS）和英國廣播公司的節目。傑克擔任過十九部電影的特邀老師，包括《祕密》、《真實》（*The Truth*）、《祕密二》（*The Opus*）、《抉擇點》（*Choice Point*）、

《迎刃而解》（*The Tapping Solution*）和《守鑰人》（*The Keeper of the Keys*）。

傑克舉辦超過二千五百場教育訓練、講座和研討會，也曾為美國五十州和其他三十五國的公司、專業協會、大學、學校和心理健康組織做過簡報和舉辦研討會，這些機構總計超過五百家。他的客戶包括微軟、聯邦快遞、西門子、金寶湯公司、維珍唱片、索尼影業、通用電氣（General Electric）、Sprint、美林（Merrill Lynch）、哈特佛保險、嬌生、科威國際不動產（Coldwell Banker）、諾斯羅普（Northrop）、瑞麥地產、凱威地產（Keller Williams）、加州大學洛杉磯分校、青年總裁協會、美國海軍部和病童奇蹟醫院聯盟（Children's Miracle Networ）。

傑克已榮獲入選全國演講者協會演講名人堂，也是扶輪社保羅・哈里斯之友，獲頒全國成就高峰會金盤獎以及麻省大學校長獎章。他兩次獲得《商業文摘》雜誌評為年度最佳激勵家，榮獲領導與成功協會頒發年度演講家獎，也從獲全國自尊協會頒發全國領導獎。

如想了解傑克的突破自我邁向成功課程、訓練官培訓計畫、輔導計畫以及語音和影片計畫的詳細資訊，或想詢問演講、訓練邀約相關事宜，請洽他的辦事處：

The Canfield Training Group（坎菲爾訓練小組）, P.O. Box 30880, Santa Barbara, CA 93130

電子郵件：info@JackCanfield.com

網站：www.JackCanfield.com、www.CanfieldTrainings.com、www.CanfieldCoaching.com

珍奈特．斯威策

珍奈特．斯威策是實踐這些成功準則便會帶來個人及專業成就的鐵證。她十九歲時擔任美國國會議員的競選幕僚，職業生涯就此展開。在她二十九歲時，已打造出資產逾一千萬美元的國際出版企業。

如今，她是許多全球頂級知名企業家的首選收入策略師。她的知名客戶包括《心靈雞湯》系列叢書創辦人傑克．坎菲爾、勵志演說家萊斯．布朗、地下商業大師傑．亞伯拉罕（Jay Abraham）和敲穴療法心理學家羅傑．卡拉漢博士等。

她是《紐約時報》暢銷書的共同作家，也是《成功準則》背後的行銷天才，她協助《成功準則》翻譯成二十九種語言並成為第一名的自我成長經典書籍。她同時也是暢銷書排行榜第一名《這樣做，馬上能賺錢》的作者。

超過二十五年來，斯威策小姐一直是協助企業主學習、成長和獲利的先鋒。她的書籍、電子報和訓練課程榮獲逾八十國的企業家閱讀及採用。她的熱門小企業專欄獲得全球超過二百二十家媒體聯合刊載，她也為數千家公司及獨立創業家提供系統及策略相關諮詢，為他們帶來可靠及穩定的現金流。

斯威策小姐曾在全球各產業會議發表令人深省的演說。她的足跡幾乎踏遍各大洲，與企業家、獨立銷售專業人士、企業員工和產業協會成員皆曾充分交流，她的訓練活動也遍布北美和亞太地區。

此外，斯威策小姐是 Profit Advisors™ 全球顧問網路的創辦人，這一間有別於一般企業顧問的公司，專門經營利潤導向的小企業方案。經過專業訓練的顧問會協助小企業主建立十二個月就能產生營收的系統。斯威策小姐的新書《現金流文化 ™》（*Cash-Flow Culture*）及其針對公司和小型企業的內部訓練計畫，皆提供通過驗證的系統和關鍵要素，幫助公司建立責任分工並獲得實際成效，協助員工專心提高營收。

斯威策小姐是知名記者，也是南丁格爾－科南特（Nightingale-Conant's）集團旗下《先勢雜誌》（*AdvantEdge*）和《訓練雜誌》前專欄作家。身為媒體寵兒的她，累積瀏覽數超過七千五百萬。《華爾街日報》、《今日美國》、《紐約時報》、《時代》、《企業家雜誌》（*Entrepreneur Magazine*）和《演說家雜誌》（*Speaker Magazine*）以及 MSNBC 和 ABC 廣播網路都曾為她做過專題報導。

斯威策小姐的顧問部門協助小公司建立內部營收創造系統，她的出版公司則提供工具和訓練課程，協助企業主制定創造現金的營運方式及管理員工策略*。

* 更多資訊可前往 www.JanetSwitzer.com。

附錄① 勝利日誌

「我們所想的、所知道的，或我們所相信的，最終影響不大。唯一的結果就是我們做了什麼。」

——約翰·拉斯金（John Ruskin），英國十九世紀極具影響力的藝術評論家

附錄② 成功人士聚焦系統

列出你的目標

- 工作生涯：
- 金融財務：
- 娛樂休閒：
- 健康保健：
- 人際關係：
- 個人目標：
- 為廣大社群奉獻心力：

成功人士聚焦系統

接下來九十天，每週寫下三個行動項目，一旦完成，就會讓你更接近七大領域的目標。寫下針對一目標的三個行動項目，或三個可以幫助你實現多個目標的事，寫下並完成後，請務必聯絡你的課責合作夥伴。

第一週 是否聯絡你的課責合作夥伴？ □是 □否
1.
2.
3.

第二週 是否聯絡你的課責合作夥伴？ □是 □否
1.
2.
3.

第三週 是否聯絡你的課責合作夥伴？ □是 □否
1.
2.
3.

第四週 是否聯絡你的課責合作夥伴？ □是 □否
1.
2.
3.

第五週　是否聯絡你的課責合作夥伴？　□是　□否

1.
2.
3.

第六週　是否聯絡你的課責合作夥伴？　□是　□否

1.
2.
3.

第七週　是否聯絡你的課責合作夥伴？　□是　□否

1.
2.
3.

第八週　是否聯絡你的課責合作夥伴？　□是　□否

1.
2.
3.

第九週　是否聯絡你的課責合作夥伴？　□是　□否

1.

2.

3.

第十週　是否聯絡你的課責合作夥伴？　□是　□否

1.

2.

3.

第十一週　是否聯絡你的課責合作夥伴？　□是　□否

1.

2.

3.

第十二週　是否聯絡你的課責合作夥伴？　□是　□否

1.

2.

3.

謝詞

這本書，和我這一生創造出的所有作品一樣，是仰賴龐大團隊齊心努力造就的成果。我在此謹向以下人員表示最深切的感恩和感謝：

珍奈特．斯威策：沒有她耗費心力，這本書永遠無法完成。感謝妳毫無保留的支持、深刻的見解以及最初構思本書所耗費的時間、攜手撰寫了一份世界級的書籍企劃、把我冗長的書面文字濃縮成容易辨識的手稿，為修訂版增添有趣又有價值的內容，甚至將妳的商業觀點納入本書，方便創業家讀者閱讀，又擬定完善的行銷計畫，讓過去十年的數百萬讀者能明白本書的用意。近二十五年來，妳始終是我職涯中值得信任的顧問和出色的策略家。妳真的很棒！

前心靈雞湯企業總裁及現任坎菲爾訓練集團總裁派蒂．奧伯瑞：感謝妳「逼」我寫這本書，又在近二十五年前把珍奈特．斯威策引進這間組織，同時介紹我認識催生出這本書的邦妮．索洛（Bonnie Solow）。我更要感謝妳堅持讓我們的教練公司 PEI 加入，說服他們我的訊息值得冒險。妳致力善用坎菲爾品牌改變數百萬人生活，又決心培養下一代變革型領袖，不斷讓我傾注所有心力。實踐本書的準則，就一定會成功，而你就是活生生的證明。妳大力支持我發揮到極限，我對妳的感激真是難以言喻。

傑夫・奧伯瑞（Jeff Aubery）：感謝你接受偽單身的生活，讓妻子能參與這本書的編寫和參加訓練官培訓居家研究計畫。你是個真男人，也是個好父親。

史提夫・漢斯曼（Steve Hanselman）：負責本書第一版的哈潑柯林斯編輯兼出版者，也是敦促我出版這個修訂版的人。感謝你有用不完的精力、美好的靈性以及你致力透過文字教育提升世界的奉獻精神。

本專案的出版經紀人邦妮・索洛：妳不只是經紀人，我跨出的每一步，妳都貢獻出卓越的編輯見解、情感支持、熱情鼓勵和真誠的友誼。我敬佩妳的正直、專業、追求卓越、真誠渴望有所作為的態度以及對生活的熱愛。

瑪麗・艾倫・柯利（Mary Ellen Curley）：妳監督了原版的整個行銷和製作流程。感謝妳為這本書努力不懈並貢獻妳的專業。

哈潑柯林斯出版社執行編輯彼得・哈伯（Peter Hubbard）：你對這本書的十週年版大力襄助，非常感謝你對這個專案的支持。

負責謄稿的南希・英格利斯（Nancy Inglis）：妳有銳利的目光，小錯誤也難逃妳的法眼。感謝妳出色的表現。

艾敏・曼徹里爾（Emin Mancheril）：妳設計的封面，我超喜歡！

拍攝封面照片的黛博拉・芬戈爾德（Deborah Feingold）：和妳在攝影棚共事很有趣。妳真是開心果！

坎菲爾訓練集團營運長羅素・卡馬爾斯基（Russell Kamalski）：感謝你冷靜、隨和的舉止，讓我們慌亂不堪時能保持清醒。你真是道地的紳士。

安潔・雅海菲爾梵蒂姆（Andrea Haefele-Ventim）：個性相當老成，在我寫這本書時，讓我們腳踏實地的執行公司許多訓練和產品開發任務。因為妳和新婚的丈夫搬到巴西後，完全由巴西遠距辦公，因此證明了網路和 Skype 是工作的好幫手。妳總能保持冷靜並集中精神，又很有幽默感，太值得讚賞了。

我的執行助理薇洛妮卡・羅梅羅（Veronica Romero）：我在這個專案完成前的最後一個月被壓得喘不過氣來，妳幾乎沒有得到我的任何支援，卻讓我的生活井井有條。感謝妳安排所有採訪，並確保我獲得本書所有必要授權書。謝謝妳在這段期間讓我的旅行、演說生涯和我本人得到妥善的照顧。妳的努力不懈、細心和對卓越的追求令我讚嘆。非常感謝妳！

潔西・安尼洛（Jesse Ianniello）：感謝妳不眠不休地把錄製的數百場訪問謄成原版手稿，以及接下完成這本書所需要的大量內部編輯作業，還要執行訓練副總裁平時的職務。妳總是舉重若輕，是真正的奇蹟。

唐娜．貝利（Donna Bailey）：感謝妳照顧我許多生活層面的事務，特別是要控管預算，讓我們總有足夠的經費執行必要的任務。

泰瑞．莎科萊特（Teresa Collett）：感謝妳過去二十年來妥善協調我所有的演說活動，讓所有客戶同感滿意，尤其是在我重寫這本書的時候。

我的行銷總監麗莎．威廉斯（Lisa Williams）：妳負責監管我們的網路能見度。感謝妳持續推動這項工作，管裡我的訊息。我特別要感謝妳費盡心思為本修訂版徵求新的成功範例。妳不屈不撓，使命必達，令我讚嘆。

萊西．華格納（Lexi Wagner）：感謝你大力支援行銷部門和社群媒體。你那「無論你需要什麼，我都會兩肋插刀」的態度，我感激之至。

愛麗絲．道提瑞法佛雷（Alice Doughty-Refauvelet）：感謝妳的熱情、妳的創造力以及無論我們交辦任何事妳都來者不拒的能力。

喬蒂．斯威策（Jody Schwartz）：感謝妳把全部心力放在我們的旗艦訓練產品「突破成功訓練課程」。妳的熱情超有感染力！

德溫．傑沃斯基（Dwain Jeworski）：感謝你在數位時代成為我們信賴的資源，貢獻你所有的行銷才華又盡心盡力，除了成功準則以外，在其他許多層面也大力支持我和公司。

瑪西．席莫夫（Marci Shimof）：妳花了一週協助幫我們修改原版，還提供寶貴的意見。感謝妳大力襄助。

這段時間無疑是我職涯中最大的專業挑戰，我要感謝我全家人的愛、支持和理解。感謝你們體諒我必須花這麼多的時間才能準時完成這項專案。我非常愛你們，也心懷感激。我要感謝我的愛妻茵嘉，因為她非常理解我，深知我的想法，永不止息地愛我、支持我，而且她個性幽默，不斷鼓勵我。感謝我二十三歲的兒子克里斯多福（Christopher），總是忍受我對這本書的執著。我希望我們的歐洲和非洲之行能彌補我在第一版時所失去的時間。感謝我的兩個繼子——雷利（Riley）和崔維斯（Travis）。你們勇敢追求自己的夢想，而且永遠讓夢想這麼有趣。謝謝你們這麼支持我。感謝我兩個年紀較大的兒子奧蘭（Oran）和凱爾（Kyle），現在我們有更多時間能陪家人和我的長孫了。

我的好姊妹金伯麗：當我迷失在隧道盡頭見不到光明時，她為我打氣，不斷鼓勵我。很高興有個了解出版艱辛的作家姊妹。

珍奈特的家人：在我無法度假、晚餐又喋喋不休地聊這本書時，感謝他們的支持、理解和幽默感。感謝她的父母萊斯（Les）和貝佛莉（Beverly），他們很早就讓珍奈特明白成功的真義，打造了充滿成就感的家庭。感謝她的手足珍妮佛（Jennifer）和傑夫（Jeff），感謝他們在珍奈特生活和事業踏出每個新步伐時，不斷支持和鼓勵她。特別要感謝珍奈特的侄女布列安妮（Brianne），她不僅反映出孩子如何學習邁向成功，還溫柔地提醒大家，重點是樂在其中。

達瓦・塔欽・菲利普（Dawa Tarchin Phillips）：感謝你真誠的友情和提供正念相關章節。

伊凡・米斯納：感謝你堅定支持這項工作，以及對網路章節的重大貢獻。

摩西・馬：感謝你貢獻我向來相當欽佩的才華，以及你對數位時代相關章節的貢獻。你總是有辦法撐過難關。

凱瑟琳・席利（Kathleen Seeley）：感謝妳大力支持建立領導能力相關章節，以及你對制定及改善我們訓練計畫的持續支持。

羅伯特・麥克菲：感謝你致力做好這項工作，以及對謀略策劃章節的重大貢獻。

亞歷克斯・曼多西安（Alex Mandossian）：感謝你多年來一直主持我的《有話問傑克》叩應節目，以及你對成功使用Google Hangouts的想法。

感謝芝加哥和鹽湖城職業教育學院負責坎菲爾輔導計畫的所有相關人士，包括麥克・赫西（Mike Hussey）、伊麗莎白・蘭諾（Elizabeth Ranno）、羅傑・辛內斯（Roger Sinnes）、比爾・伯格（Bill Berg）、安迪・諾德（Andy Naud）、麥克・諾伊絲（Mike Noice）、黛麗・福田（Dahlia Fukuda）、戴夫・海爾曼瓦（Dave Heilmann）、邁克・里德（Mike Reid），還有所有與我共事以確保大家真正執行成功準則，並年年不斷創造奇蹟的教練，尤其是韋德・林德斯特羅姆（Wade Lindstrom）、約翰・比曼（John Beaman）、蓋瑞・里德（Gary Reid）、李・考德威爾（Lee Caldwell）、艾瑞克・洛伊德（Eric Lloyd）和柯藍・墨西拿（Koran Messina）；還有出色的招募團隊成員，包括莫妮卡・曼努埃爾（Monnica Manuel）、辛蒂・李（Cindie Lee）、布雷特・蘭伯恩（Brett Lamborne）、傑瑞德・薛沃（Jared Shaver）。

所有接受我採訪的人士，和所有把你實踐準則的成功經歷寄給我的人：謝謝你們讓我寫出你們的經歷。

史提夫・夏理遜和比爾・夏理遜及布萊利通訊公司和量子跳躍計畫的所有人員：感謝你們不斷支持我。你們的表現向來都是高水準。

完成我一年制訓練官培訓計畫而且正在全球四十個國家（包括印度、愛爾蘭、俄羅斯、烏克蘭、中國、以色列、埃及、馬來西亞、阿拉伯聯合大公國、肯亞、澳洲、墨西哥、加拿大和紐西蘭）教授這些準則的數百名畢業生。非常謝謝你們投入所有心血，積極激勵各地人士，賦予他們力量。

最後，過去三十年來參加我的講座和研討會的所有助理和學員：謝謝你們與我分享你的夢想、奮鬥和榮耀。你們勇敢克服狹隘的信念和路途中的障礙，以毅力突破逆境，創造出美好的人生，你們的經歷激發我寫這本書並與大家分享這些準則。感謝你們成為這世界急需的願景、目標和熱情的典範。請各位明白，你們都是這本書的代表人物。

延伸閱讀

「今天的你和五年後的你只有兩個不同點：你讀過的書和遇到的人。」

——「超棒」查理．鐘斯（Charlie "Tremendous" Jones），
國家演講名人堂（National Speakers Hall of Fame）會員

各位也許還記得，我建議每天讀一些具有教育性、激勵人心或鼓舞人心的讀物，每天至少讀二十分鐘，能讀一小時最好。以下是我草擬的部分好書清單，可供入門者參考。我在本書的合作網站 www.TheSuccessPrinciples.com 列出了我覺得協助我達成目標的書籍（將近兩百本），這夠讓各位忙個好幾年。

我建議各位至網站瀏覽清單，看看哪些書勾起你的興趣，先閱讀那幾本。找你有興趣的讀，你會發現你讀的每本書會引導你去讀其他書。

我另外還擬了建議收聽的語音節目清單和其他人主辦的優質教育訓練計畫。我甚至也推

薦了兩個成功導向的兒童夏令營。

我們會持續更新這份清單，列出我發現的最佳、最新資源。

以下是我草擬的成功書籍清單。這些書全都可以在JackCanfield.com、Amazon.com、BarnesandNoble.com和BooksaMillion.com及許多地方書店買到。

- 傑克·坎菲爾、馬克·維克多·漢森、萊斯·休伊特著，《專注的力量》，佛羅里達州迪爾菲爾德海灘：健康通訊出版社，二〇一一年。
- 傑克·坎菲爾、馬克·維克多·漢森著，《心靈雞湯：關於勇氣》，紐約：伯克利出版社，一九九五年。
- 傑克·坎菲爾、狄迪·瓦金斯（Dee Dee Watkins）著，《傑克坎菲爾實踐吸引力法則的關鍵》（*Jack Canfield's Key to Living the Law of Attraction*），佛羅里達州迪爾菲爾德海灘：健康通訊出版社，二〇〇七年。
- 傑克·坎菲爾、潘蜜拉·布魯納著，《邁向終極成功》，加州卡爾斯巴德：乾草屋出版社，二〇一二年。
- 傑克·坎菲爾、彼得·齊著，《卓越教練型領導的三十個頂級訓練法則》（*Coaching for Breakthrough Results*），紐約：麥格羅希爾出版社，二〇一三年。

• 傑克・坎菲爾、馬克・維克多・漢森著，《心靈雞湯：解開圓夢之祕》（*Chicken Soup for the Soul: Unlocking the Secrets to Living Your Dreams*），康乃狄克州科斯科布市：心靈雞湯出版社，二〇一二年。

授權聲明

誠摯感謝以下許多出版商及群眾授權我們轉載引用資料：

- Doug Wittal. Reprinted with permission.
- Justin Bendel. Reprinted with permission.
- Natalie Peace. Reprinted with permission.
- Elvin Slew. Reprinted with permission.
- Pavel Popiolek. Reprinted with permission.
- Heather O'Brien Walker, author of *Don't Give Up. Get Up!* And creator of the HELP Philosophy www.HelpfulSpeaker.com.
- Akshay Nanavati. Reprinted with permission.
- Lewis Pugh. Reprinted with permission.
- Forrest Willett. Reprinted with permission.
- John Calub. Reprinted with permission.

- © Randy Glasbergen www.glasbergen.com
- Charles Rodrigues. ©1991 Tribune Media Services. Reprinted with permission.
- Raj Bhavsar. Reprinted with permission.
- Julie Marie Carrier, interviewed by author.
- Pat Williams, interviewed by author.
- Arnold M. Patent. Reprinted with permission.
- Dave Liniger, interviewed by author.
- Monty Roberts, interviewed by author.
- Logan Doughty. Reprinted with permission.
- Timothy Ferriss, interviewed by author.
- Ruben Gonzalez, interviewed by author.
- Jason W. McDougall. Reprinted with permission.
- Peak Performers by Charles A. Garfield, Ph.D. Reprinted with permission.
- Catherine Lanigan. Reprinted with permission.
- Buddy Hickerson. ©Tribune Media Services. Reprinted with permission.
- Daniel Amen, M.D., Director of Amen Clinics, Inc. and author of *Change Your Brain, Change Your Life.*
- © Reprinted with special permission of King Features Syndicate.
- Stuart Lichtman, interviewed by author.
- C.K. Kumaravel. Reprinted with permission.

- Brian Tracy. Reprinted with permission.
- Les Hewitt. Reprinted with permission.
- DC Cordova. Reprinted with permission.
- T. Harv Eker, interviewed by author.
- Anthony Robbins. Reprinted with permission.
- Copyright © 1994 Stephen Rebello. Originally published in *MovieLine Magazine,* July 1994. All Rights Reserved. Reprinted by arrangement with Mary Evans, Inc.
- Joseph Newberry. Reprinted with permission.
- © The New Yorker Collection 1998 William Haefeli from cartoonbank.com. All Rights Reserved.
- Peter Vidmar. Reprinted with permission.
- Heather O'Brien Walker, author of *Don't Give Up. Get Up!* And creator of the HELP Philosophy www.HelpfulSpeaker.com.
- John Assaraf, interviewed by author.
- Kabir Khan. Reprinted with permission.
- Trisha Jacobson. Reprinted with permission.
- Sergio Sedas Gersey, Ph.D., award winning author of *Intentional Possibilities.*
- www.CartoonStock.com. Reprinted with permission.
- Jack Bierman. Reprinted with permission.
- © 1990 Thaves. Reprinted with permission. Newspaper dist. By NEA, Inc.

- Jana Stanfield, interviewed by author.
- Peter H. Douglas. Reprinted with permission.
- Michael T. Kelley, interviewed by author.
- Dr. John DeMartini, interviewed by author.
- Tom Boyer, interviewed by author.
- Dr. Christine Carter—a sociologist and the author of *The Sweet Spot: How to Find Your Groove At Work and Home*—says that . . .
- Wyland. Reprinted with permission.
- Gordon Weiske. Reprinted with permission.
- Marshall Thurber, interviewed by author.
- Sylvia Collins. Reprinted with permission.
- Dale and Donna Hutcherson. Reprinted with permission.
- Chad Pregracke. Reprinted with permission.
- Lisa Nichols. Reprinted with permission.
- Jeff Olson. Reprinted with permission.
- Charles Coonradt. Reprinted with permission.
- Michael Walsh, interviewed by author.
- Excerpted from "Don't Burn Out." This article was originally published in the May 2000 issue of *FAST COMPANY,* © 2000 by FAST COMPANY. All Rights Reserved.

- Debbie Macomber, *New York Times* bestselling author. Reprinted with permission.
- Jaroldeen Edwards. Reprinted with permission.
- David J. Morris, interviewed by author.
- Steve Beers. Reprinted with permission.
- Dan Sullivan. Reprinted with permission.
- Martin Rutte is at www.martinrutte.com. Reprinted with permission.
- David Babb. Reprinted with permission.
- Sharon Worsley. Reprinted with permission.
- Sid Simon, Professor Emeritus, Psychological Education, University of Massachusetts. Reprinted with permission.
- Skip Barber, interviewed by author.
- Les Brown, interviewed by author.
- © 1996 Tedd Goff
- Elaine Fosse. Reprinted with permission.
- Kyle Canfield. Reprinted with permission.
- Rafe Esquith. Reprinted with permission.
- Diana von Welanetz Wentworth. Reprinted with permission.
- © Leo Cullum from Cartoonbank.com All Rights Reserved.
- Raymond Aaron, interviewed by author.

-
- Kathleen Seeley. Reprinted with permission.
- Lisa Miller. Reprinted with permission.
- Jason Ryan Dorsey, bestselling author, *Graduate to Your Perfect Job*
- Miriam Laundry and I CAN Company. Reprinted with permission.
- Jean MacDonald. Reprinted with permission.
- Ivan R. Misner Founder of BNI & Sr. Partner of Referral Institute.
- www.jilldouka.com. Reprinted with permission.
- Burt Dubin, Creator, Speaking Success System, www.speakingsuccess.com. Reprinted with permission.
- David Babb. Reprinted with permission.
- The changing heart rhythm graphic maintains a copyright with the Heart Math Research Center. HeartMath.org.
- Madeline Balletta, interviewed by author.
- Pat Boone. Reprinted with permission.
- Dawa Tarchin Phillips. Reprinted with permission.
- Marcia Martin O'Hagan, interviewed by author.
- Kim Kirberger. Reprinted with permission.
- Cliff Durfee, interviewed by author.
- Larry Price, executive director, Foundation for Self Esteem. Reprinted with permission.

- Marilyn Tam, interviewed by author.
- Charlie Collins, www.charliecollinsinternational.com.
- Don Miguel Ruiz. Reprinted with permission.
- Dr. Harville Hendrix. Reprinted with permission.
- *The Dallas Morning News,* September 10, 1985, pg. 1b. Reprinted with permission.
- Scott Schilling, interviewed by author.
- Real Live Adventures © 1993 GarLanco. Reprinted with permission of UNIVERSAL PRESS SYNDICATE. All rights reserved.
- J. Mike Milliorn, interviewed by author.
- Ira and Linda Distenfield, interviewed by author.
- Shane Lewis, www.AutoSplit.com. Reprinted with permission.
- Tony and Randi Escobar. Reprinted with permission.
- Robert Allen, interviewed by author.
- Tom, Jack's neighbor. Reprinted with permission.
- Kenneth E. Behring. Reprinted with permission.
- Excerpted from *Religion and Liberty,* November/December 2000, vol. 10, number 6, a publication of the Acton Institute for the Study of Religion and Liberty. Reprinted with permission.
- CrowdfundingHeros.com. Reprinted with permission.
- Moses Ma. Reprinted with permission.

翻轉學 翻轉學系列 099

成功準則 第三冊

暢銷超過 10 年，遍布 108 國、40 種語言，改變數億人的經典之作

The Success Principles : How to Get from Where You Are to Where You Want to Be

作者	傑克・坎菲爾（Jack Canfield）、珍奈特・斯威策（Janet Switzer）
譯者	葉婉智、閆蕙群、易敬能
封面設計	FE 工作室
內文排版	黃雅芬
行銷企劃	陳豫萱・陳可錞
出版二部總編輯	林俊安

出版者	采實文化事業股份有限公司
業務發行	張世明・林踏欣・林坤蓉・王貞玉
國際版權	鄒欣穎・施維真
印務採購	曾玉霞・謝素琴
會計行政	李韶婉・許俽瑀・張婕莛
法律顧問	第一國際法律事務所　余淑杏律師
電子信箱	acme@acmebook.com.tw
采實官網	www.acmebook.com.tw
采實臉書	www.facebook.com/acmebook01

ISBN	978-626-349-075-8 (第三冊)
全套定價	990 元
初版一刷	2022 年 12 月
劃撥帳號	50148859
劃撥戶名	采實文化事業股份有限公司

104 台北市中山區南京東路二段 95 號 9 樓
電話：(02)2511-9798　傳真：(02)2571-3298

國家圖書館出版品預行編目資料

成功準則：暢銷超過 10 年，遍布 108 國、40 種語言，改變數億人的經典之作 / 傑克 . 坎菲爾 (Jack Canfield), 珍奈特 . 斯威策 (Janet Switzer) 著 ; 葉婉智 , 閻蕙群 , 易敬能譯 . -- 初版 . -- 台北市 : 采實文化, 2022.12

288 面 ; 14.8×21 公分 . --（翻轉學系列 ; 99）

譯自：The success principles : how to get from where you are to where you want to be

ISBN 978-626-349-075-8（第 3 冊 : 平裝）

1.CST: 成功法

177.2　　111015930

采實出版集團
ACME PUBLISHING GROUP

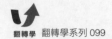